W0049170

ESOTERISCHES
WISSEN

Bahrâm Elâhi

Weg und Vollendung

Die Quintessenz der Religionen

Von Meister Nur 'Ali

Deutsche Erstausgabe

WILHELM HEYNE VERLAG
MÜNCHEN

HEYNE ESOTERISCHES WISSEN
Herausgegeben von Michael Görden
08/9663

Aus dem Französischen übertragen
von Karin Adrian

Titel der Originalausgabe:
LA VOIE DE LA PERFECTION
erschienen bei Albin Michel, Paris 1982, 1990 und 1992

Gebet[1]

Oh, Einziger Gott, ohnegleichen, Lebendiger, Allmächtiger,

Oh, Notwendiges Wesen, Schöpfer aller Geschöpfe, der Du alle Dinge umfaßt,

Oh, Du, Barmherzigster aller Barmherzigen, Gütigster aller Gütigen,

Du, der Du »der Herrscher der Welten,
der Gütige, der Barmherzige bist,
König am Tag des Jüngsten Gerichts,
Einzig und Unabhängig,
der nicht zeugt und nicht gezeugt worden ist.«
Du bist es, den ich anbete,
Du bist es, bei dem ich Zuflucht suche.

Ich bitte Dich und beschwöre Dich, in Deinem Namen, wie im Namen all der Existierenden und Möglichen der Vergangenheit, Gegenwart und Zukunft, von der ersten Schöpfung - der Menschen wie auch all der anderen - bis zur letzten, die Dir teuer sind, die Dir nahe sind, die Dir heilig sind, und deren Gebet Du erhörst, ich bitte Dich, mir meine unzähligen Fehler zu vergeben und mich auf dem rechten Weg zu bewahren.

Auf dem Weg, der mich zu Gott führt, »der Weg derer, die Du segnest, nicht derer, die Dich erzürnen, noch derer, die auf Abwege geraten«.

Bewahre mich in dieser Welt und in der anderen Welt, in der Weise, daß Du mit mir zufrieden bist.

Und laß mich niemals aus irgendeinem Grund oder Anlaß etwas, das gegen Deine Zufriedenheit geht, tun oder wünschen, oder konfrontiere mich damit.

Und wie es meine religiöse Pflicht ist, bitte ich Dich um Vergebung, Barmherzigkeit, um Gutes und Segen für die Seele meiner Eltern, für alle Gläubigen, wie auch für alle Geschöpfe.

Amen.

Inhaltsverzeichnis

Einführung

Nur 'Ali Elâhi wurde am 11. September 1895 im Westen des Iran geboren[1]. Sein Vater, Hajj Ne'matollah, zählte zu den angesehenen Persönlichkeiten seiner Provinz. Mit achtundzwanzig Jahren erfuhr er die Gnade der Erleuchtung und wurde damit zu einem mystischen Pol, mit übernatürlichen Fähigkeiten und Charisma begabt. Sein Weg und seine Methode waren die Zusammenfassung der esoterischen Lehren der Tradition, in der er seine Wurzeln hatte, und die er in zahlreichen Schriften festgehalten hat[2].

Nur 'Ali Elâhi verbrachte seine gesamte Jugend in seiner Geburtsstadt. Seine Zeit widmete er der Andacht und spirituellen Übungen, er unterwarf sich der Askese und vertiefte sich in seine Studien und seine Bücher. Schon sehr früh zeigte sich deutlich sein Charisma. Einige Jahre nach dem Tod seines Vaters verließ er die Abgeschiedenheit, ließ sich in Teheran nieder und integrierte sich in das gesellschaftliche Leben. In diesem neuen Umfeld prüfte und bewertete er die Summe der Lehren und spirituellen Methoden neu, die er während seiner Jugend angewendet hatte, ohne dabei jedoch etwas an seiner Haltung und in seinem Verhalten zu ändern.

Er brach mit der Tradition, die ihn sofort zum spirituellen Oberhaupt designierte, und bekundete seine Unabhängigkeit, indem er eine Beschäftigung in der Verwaltung annahm und anschließend das Amt eines Justizbeamten ausübte.

Zu dieser Zeit konnten nur wenige privilegierte Personen in den Genuß seiner Lehren kommen. Sein stets einfaches und bescheidenes Auftreten und die natürliche Güte, die von ihm ausging, verhüllten seine ungeheure Ausstrahlung, seinen Scharfblick und seine Kraft vor den Augen der Leute. Später begannen einige Menschen, die auf der Suche nach der Wahrheit waren, das wahre Wesen seiner Persönlichkeit und seiner Lehre zu begreifen, und seine Güte berührte eine wachsende Zahl von Leuten verschiedenster Herkunft und unterschiedlichsten Milieus. Einige sahen ihn nur ein einziges Mal, fingen ein Wort auf oder hörten seine unbeschreibliche Musik und wurden davon zutiefst beeindruckt. Andere folgten dem Weg auf seinen Spuren und zeichneten minutiös seine kostbaren Lehren auf. Er selbst schrieb mehrere Bücher[3], und seine Worte wurden aufgezeichnet und herausgegeben[4].

Seine Worte und seine Ratschläge bewiesen sein immenses wie auch genaues Wissen über die spirituellen Wirklichkeiten der menschlichen Seele. Es handelte sich nicht einfach nur um eine übernommene und überlieferte Tradition, sondern um die kontinuierliche Enthüllung von Erkenntnissen, deren Richtigkeit immer wieder durch Erprobung und Erfahrung überprüft und bestätigt wurde. Seinen Angehörigen vertraute er eines Tages an: »Ich habe die Stufen des spirituellen Weges und der mystischen Erkenntnis von Grund auf studiert. Ich habe niemanden einfach nur imitiert. Alles ist das Ergebnis meiner eigenen Erfahrungen und meiner eigenen Entdeckungen.« Deshalb ist sein Weg für alle offen, Männer und Frauen, gleich welcher Herkunft und welchen Glaubensbekenntnisses.

Die Lehre Nur 'Ali Elâhis enthält die fundamentalen Fragen nach Gott, der Schöpfung, dem Leben, den Aufgaben und der Bestimmung des Menschen. Sein Weg ist die Essenz der Offenbarungsreligion und der Erkenntnis. Mit der islamischen Mystik als Ursprung und der Botschaft der Propheten und Gesandten der Offenbarungsreligionen führt er schließlich an den Punkt, an dem alle Religionen nur noch eine einzige sind.

Nur 'Ali Elâhi verließ diese Welt am 9. Oktober 1974. Sein

Wirken und seine Führung wurden beinahe zwanzig Jahre in der Person seiner Schwester Sheykh Jâni fortgeführt[5].

Bahrâm Elâhi, der Autor dieses Buches, war der engste Schüler seines Vaters Nur 'Ali Elâhi. Nach seinem Medizinstudium in Frankreich kehrte er in den Iran zurück, wo er Professor der Chirurgie an der Universität von Teheran wurde. Zur Zeit lebt er in Europa.

Unter den Schülern Nur 'Ali Elâhis befanden sich auch viele aus dem Abendland, für die Bahrâm Elâhi die wesentlichen Grundlagen des Weges zusammenfaßte. Daraus entstand dieses Buch, das den Schülern und auch einer breiteren Öffentlichkeit eine erste Bekanntschaft mit dem Weg der Vervollkommnung ermöglichen soll. Seit der ersten Veröffentlichung 1976 ist es mehrfach wiederaufgelegt worden. Die vorliegende Fassung ist vom Autor vollkommen überarbeitet worden[6].

Der Leser wird im Laufe der Lektüre immer wieder auf Worte wie Gott, Monotheismus, Religion, Prophet, Seele, usw. treffen. In den Menschheitsreligionen haben sich diese Worte abgenutzt, haben ihre ursprüngliche Bedeutung verloren, sind unverständlich geworden und haben verschiedene Nebenbedeutungen erhalten, und zwar dergestalt, daß sie für die meisten unserer Zeitgenossen nur noch schwer zu akzeptieren sind. Dennoch erschien es besser, auf diese alten Worte zurückzugreifen oder daraus einige neue zu bilden, um den begrenzten spirituellen Wortschatz zu erweitern. Der Leser sollte von den irreführenden und sinnentstellenden Abweichungen und Nebenbedeutungen absehen und wissen, daß diese Worte auf Wahrheiten verweisen, die auf der Erfahrung und nicht auf Dogmen beruhen, und daß ihre komplexe und subtile Bedeutung das ist, was uns zu entdecken bleibt, dank einer authentischen Lehre.

J.D.

Meinem Schöpfer,
Meinem Meister,
Meinem Vater ...

Vorwort

Das, was ich weitergebe, ist nur ein Teil der Lehren Nur 'Ali Elâhis, des Meisters. Ich beschränke mich darauf, seinen Namen zu nennen, da ich mich als zu gering empfinde, ihn in angemessener Weise vorstellen zu können: Dieses Buch kann mit einem Tropfen Wasser verglichen werden und das Wissen des Meisters mit einem Ozean. Durch Gottes Gnade habe ich meinen Meister gekannt. Er hat mich erzogen und mir Gott, den Einzigen, den Barmherzigen nahegebracht. Er hat mir die Gnade zuteil werden lassen, mich aus dem Schlaf der Nachlässigkeit und der Finsternis der Unwissenheit zu ziehen und hat mich den Weg der Vervollkommnung, den Weg des ewigen Seelenheils wählen lassen.

Wer sind wir? Woher kommen wir, und wohin gehen wir? Warum sind wir auf dieser Welt, und was müssen wir hier tun? So viele Fragen, auf die der Mensch seit Adam versucht hat, Antworten zu finden. Es ist nicht unmöglich, vorausgesetzt wir befassen uns damit von ganzem Herzen, setzen all unseren Glauben auf Gott und finden den Schlüssel.

Ich meinerseits habe die Pflicht, meinen Mitmenschen etwas von dem Wissen zu vermitteln, das ich erhalten habe, ihnen den Prüfstein zu geben, den dieses Buch darstellen soll, in der Hoffnung, daß es für jeden Menschen, gleich welcher Religion oder Überzeugung, als spirituelle Unterweisung dienen kann. Es gibt ihm Aufschluß über seine Herkunft, den Grund seines Seins und seiner letzten Bestimmung. Es zeigt ihm den Weg, warnt ihn vor den spirituellen Gefahren, die auf ihn lauern, und gibt ihm die Mittel an die Hand, sie zu vermeiden.

Es spricht von dem Einen, Einzigartigen Gott, Schöpfer und Ordner des Universums und von der Religion, die ebenfalls einzigartig ist: die Religion der Propheten. Es nennt die fundamentalen Prinzipien und widerlegt bestimmte allgemein anerkannte Anschauungen.

Wenn der Weg der Vervollkommnung eine so entscheidende Sache ist, dann deshalb, weil das Fundament und die Verhältnisse unserer ewigen Bleibe und unseres ewigen Werdens in unserem Leben hier unten ausgearbeitet werden. Jeder Mensch ist dazu bestimmt, an seinen göttlichen Ursprung zurückzukehren, doch für sein letztendliches Schicksal ist er selbst verantwortlich: sei es die lichte Nähe der göttlichen Essenz oder die finstere Ferne, seien es ewige Glückseligkeit oder die ewigen Entbehrungen.

Wir haben alle unseren Mitmenschen gegenüber eine Pflicht. Ich habe versucht, diese Pflicht hier zu erfüllen − möge der Allmächtige sie als solche akzeptieren − und meine Schuld Gott und meinem Meister gegenüber abzutragen. Ich bitte IHN mit meiner ganzen Seele, all denen das Seelenheil zu bringen, die IHM vertrauen, und denen, die vom Wege abgekommen sind, die Gnade zuteil werden zu lassen, die Wahrheit zu finden.

Bahrâm Elâhi

Einleitung

Jede authentische Religion hat zwei Dimensionen: eine äußere, die **Exoterik,** und eine innere, spirituell tiefgehende, die **Esoterik.**

Die Exoterik der verschiedenen Offenbarungsreligionen unterscheidet sich – auch wenn allen die gleichen Grundsätze zugrundeliegen – zwangsläufig unter dem Einfluß von Zeit, Ort, unterschiedlichen Kulturen und Mentalitäten usw. in den Einzelheiten. Dagegen ist die Esoterik der Religionen mit der Spitze einer Pyramide vergleichbar: Sie ist einzigartig.

Die Exoterik ist dem Wesen nach eine »rituelle« Stufe, deren Erfüllung dem Gläubigen erlaubt, spirituell auf die esoterische Stufe zu gelangen. Sie bildet die vorbereitende Stufe innerhalb der spirituellen Entwicklung zur Vollkommenheit und kann bis zu einem gewissen Grad mit den gewöhnlichen Sinnen und dem Intellekt verstanden werden.

Was die Esoterik anbetrifft, so bezieht sie sich auf die spirituellen Sinne, und es ist fast unmöglich, denen ein Verständnis davon zu vermitteln, die diese Sinne nicht in sich erweckt haben. Die wirkliche esoterische Lehre ist nur denen zugänglich, die die exoterische Stufe in einer der Religionen der Propheten – Judentum, Zoroastrische Lehre, Buddhismus, Christentum oder Islam – praktiziert, abgeschlossen und hinter sich gelassen haben.

Weil die Exoterik sich nur in den äußerlichen Details unterscheidet und nicht in den Grundsätzen, kann jeder diese vorbereitende Stufe in seiner eigenen Religion durchlaufen. Die Exoterik wird durch die Vertreter der einzelnen Religionen definiert, und jeder kann mit Hilfe seines Geistes und seines Glaubens das Wahre vom Falschen unterscheiden, um es in die Praxis umzusetzen und diese erste Stufe zu überwinden.

Dieses Buch ist eine Synthese der ewigen spirituellen und eso-terischen Gesetze, ein kleiner Führer für die, die nach Wahrheit dürsten, für die, die aus ihrem tiefsten Inneren nach der Wahr-heit verlangen. Auch wenn die verschiedenen Stufen der Spiri-tualität darin behandelt werden, wird es besser von den reinen Monotheisten verstanden, denjenigen, die in diesem oder frühe-ren Leben die Fähigkeit erlangt haben, die göttlichen Lehren geistig zu verarbeiten und dadurch weiterzukommen und das letzte Ziel zu erreichen, für das wir erschaffen worden sind. Die Wahrheiten, die hier in einer einfachen Sprache dargelegt wer-den, werden daher leichter von denen akzeptiert oder geistig in sich aufgenommen, die die exoterische Stufe abgeschlossen und die Schwelle zur Esoterik überschritten haben. Für die anderen stellen sie möglicherweise nur eine Theorie oder Doktrin unter anderen dar. Die Besonderheit der wahren Esoterik ist, daß sie einfach ausgedrückt werden kann und ihren tiefen Sinn nicht hinter einem künstlichen Symbolismus versteckt, sondern hinter einer unmittelbar »offenbar werdenden«, unleugbaren Bedeu-tung. Diejenigen, deren Seele wach ist, erfassen diese Bedeu-tung. Die Wahrheit ist wie ein Spiegel: Jeder sieht darin nur sein eigenes Bild.

Im Namen Gottes, des Gnädigen, des Barmherzigen,
Während meines ganzen Lebens sind meine Überzeugung und meine Devise diese gewesen:
— Gutes tun, Gutes sagen, Gutes suchen, Gutes wollen für alle Geschöpfe, insbesondere den Menschen.
— Wenn jemand mir nicht wohlgesonnen ist, bitte ich Gott, ihn wohlwollend zu stimmen.
Amen, oh Schöpfer der Welten.

Nur 'Ali Elâhi

Erster Teil

1. Grundlagen und Prinzipien

- Gott ist in alle Ewigkeit. Er ist einzig.
- Gott ist der Schöpfer und Ordner aller Dinge, des Himmels und der Erde.
- Die Schöpfung geht aus der göttlichen Gnade und Güte hervor. Sie ist das Produkt eines Willensaktes, fortdauernd, stufenweise fortschreitend und ohne Ausnahme auf dem unabänderlichen Gesetz der Kausalität begründet. Jede Kreatur ist von einem beständigen Streben zu Höherem beseelt, das ihr erlaubt, an ihre Wurzel oder ihren göttlichen Ursprung zurückzukehren.
- Die materielle Welt ist die Welt des »Körpers«, der nach dem Tode zur Erde zurückkehrt.
- Die immaterielle Welt ist das Reich der »Seele« (des »Selbst«), die erschaffen ist, sich weiterzuentwickeln und in die Ewigkeit einzugehen.
- Jedes Geschöpf muß, um sich ganz der unermeßlichen Segnungen der spirituellen Welt zu erfreuen, die einzelnen Stufen bis zur Vollendung durchlaufen und an seinen Ursprung zurückkehren. Dieser Reifungsprozeß geschieht stufenweise fortschreitend.
- Gott hat die engelhafte Seele des Menschen aus Seinem Atem erschaffen, und diese Schöpfung ist fortdauernd.
- Die engelhafte Seele, der »positive Pol«, ist rein erschaffen. Sie wohnt dem menschlichen Körper, dem »negativen Pol«, inne. Zusammen bilden beide eine Wesenheit, das »Selbst«. Diese Bipolarität ist die **Conditio sine qua non** für eine Weiterentwicklung und damit für die Vervollkommnung.
- Um die Vollkommenheit zu erreichen, muß die engelhafte

21

Seele tausend spirituelle Stadien durchlaufen, für die ihr nur eine begrenzte Zeitspanne und eine bestimmte Zahl von menschlichen Körpern zur Verfügung steht. Durch Wachsamkeit und stetiges Bemühen können wir das Ziel bereits vor dem Ende dieser festgelegten Spanne erreichen, oder aber wir gelangen durch unsere Nachlässigkeit nicht dorthin.

– Wir sind in dem Maße, wie wir einen gewissen freien Willen besitzen, für unser Schicksal selbst verantwortlich und werden für unsere Absichten und Taten zur Rechenschaft gezogen.

– Wir müssen die »Erde« als einen vorübergehenden Aufenthaltsort betrachten, als eine Schule für spirituelle Erziehung, die uns die Möglichkeit gibt, das notwendige spirituelle Rüstzeug und ein ausreichendes spirituelles Wissen zu erwerben, um zu unserer ursprünglichen Heimat zurückzufinden und in der göttlichen »NÄHE« zu leben. Gott nahe zu sein, heißt, auf ewig in einem Zustand sich ständig erneuernder, immer intensiver werdender Glückseligkeit zu leben.

– Der Weg, der uns an dieses Ziel führt, ist von den Propheten offenbart und von den Heiligen und echten spirituellen Meistern ausgearbeitet und befolgt worden.

– Die engelhafte Seele (der positive Pol) und die basharische[1] Seele (der negative Pol) stehen in ständigem Konflikt miteinander. Während die engelhafte Seele zu Gott emporsteigen möchte, will die basharische Seele (oder das dominierende Selbst) uns zur Befriedigung unserer animalischen Bedürfnisse verlocken (gutes Essen, viel Schlaf, sexuelle Freuden usw.) oder uns dazu verführen, anderen gegenüber ungerecht zu sein, sie zu unterdrücken und ihre Rechte zu mißachten, nur um zu Macht, Ansehen, Reichtümern usw. zu gelangen. Beide neigen zu Extremen, und wenn unser göttlicher Intellekt nicht interveniert, um das Gleichgewicht zwischen ihnen aufrechtzuerhalten, dann gewinnt die eine die Oberhand über die andere und hindert sie an der Ausübung ihrer Pflichten, was wiederum das Abweichen vom Weg zur Folge hat.[2]

– Unsere fundamentale Aufgabe besteht darin, die Wünsche und Rechte jeder dieser beiden widerstreitenden Kräfte gründlich kennenzulernen und zu studieren, damit wir in der Lage sind, die Attacken, Tricks und Machenschaften des dominierenden Selbst zu durchschauen und zu vereiteln und so diese beiden Kräfte in ihren Grenzen zu halten. Dieses Gleichgewicht ist, was der »rechte Weg« genannt wird, der weder nach rechts noch nach links abweicht.

– Unser physischer Körper (»das menschliche Tier« mit seiner basharischen Seele)[3] ist mit den ihm eigenen Sinnen ausgestattet, mit deren Hilfe wir die physische Welt wahrnehmen können. Unser metaphysischer Körper (die engelhafte Seele) verfügt ebenfalls über entsprechende Sinne, die uns die Möglichkeit geben, die metaphysische Welt wahrzunehmen.

– Die spirituellen Wahrheiten oder »Evidenzen« können nur mit Hilfe der spirituellen Sinne[4] wahrgenommen und begriffen werden. Diese Sinne sind im allgemeinen getrübt, hauptsächlich von den Leidenschaften und Begierden des dominierenden Selbst. Daher ist es wichtig, daß wir unsere spirituellen Sinne erwecken und entwickeln. Das physische Auge ist unfähig, durch ein undurchsichtiges Hindernis hindurchzuschauen. Für das spirituelle Auge stellt Materie jedoch kein Hindernis mehr dar. Der Intellekt, der sich auf die Logik der physischen Sinne stützt, ist unfähig, die Wahrheiten zu begreifen, die in den spirituellen Schriften oder Worten enthalten sind. Um so weit zu kommen, muß er sich auf die »höchste Logik« stützen, die sowohl die physischen wie die spirituellen Sinne berücksichtigt. In dem Maße, wie die spirituellen Sinne erwachen, integrieren sich die physischen Kräfte in die spirituellen Kräfte.

– Wie der physische Körper kann auch der metaphysische Körper schwach, krank, behindert sein. Derjenige, der spirituell blind oder taub ist, sieht überall die Spuren Gottes, leugnet Ihn jedoch; er vernimmt die Worte der Wahrheit, glaubt sie aber nicht.

– Der Weg zum höchsten Ziel ist voller gefährlicher Abgründe, Fallen und »wilder Tiere«. Niemand kann und darf sich auf diesen Weg begeben, ohne bestimmte Voraussetzungen erfüllt zu haben. Der spirituell Reisende[5] muß:

1. fest an den einen, einzigen Gott glauben. Der Schlüssel ist die göttliche »EINMALIGKEIT«;

2. an die Ewigkeit der Seele, an die Unsterblichkeit seines »Selbst« glauben;

3. überzeugt davon sein, daß alle Menschen im Jenseits gerichtet werden und über ihre Taten und Überzeugungen Rechenschaft ablegen müssen;

4. einem Meister oder erfahrenen spirituellen Lehrer folgen. Dieser muß seine Wurzeln in der »RELIGION« haben und dem Weg der Offenbarungspropheten und authentischen Heiligen folgen. Während er sich an ihre Grundsätze hält und sie befolgt, muß er aber gleichzeitig auch er selbst sein und seine eigene Note besitzen. Er muß »Gottesfurcht« besitzen und von Ihm beauftragt sein.

2. Von der Existenz Gottes

Was die Existenz Gottes anbetrifft, so können die Leute heute in drei Gruppen unterteilt werden: die Gleichgültigen und Unentschlossenen; die, die denken und glauben, daß Gott existiert, und Gründe dafür nennen; und die, die behaupten, Gott existiere nicht (die meisten der letzteren Gruppe glauben jedoch im Grunde ihres Herzens an Ihn; sie wehren sich lediglich gegen das Wort »Gott« aufgrund der irreführenden Bilder und Definitionen, die die Religionen der Menschen sich ausgedacht haben).

Dennoch kann niemand die Existenz einer Kraft leugnen, von der alle Geschöpfe erschaffen worden sind, eine Kraft, die nichts und niemand erschaffen hat, die aus sich selbst ist und die das Universum erschaffen hat. Wenn wir diese Idee ablehnen, kommen wir zu keinem Ergebnis und sagen dann, »etwas« hat etwas anderes erschaffen, und so unendlich weiter. Einige sind der Ansicht, daß das Universum sich selbst erschaffen habe, was ein absurder Gedanke ist. Denn eine Sache, die das Nichts war, kann nicht zum eigenen Schöpfer werden.

Die einen nennen diese schöpferische Kraft NATUR, die anderen sagen GOTT. Der Unterschied besteht darin, daß diejenigen, die sie Gott nennen, sie als eine intelligente Kraft ansehen, die einen Willen hat und sich dessen bewußt ist, was sie schafft, und das Ziel und die Finalität ihres Werkes kennt. Die anderen gehen dagegen davon aus, daß es sich ledigkich um eine blinde irrationale Kraft ohne eigenen Willen handelt.

Diejenigen, die die Existenz Gottes anerkennen, teilen sich in zwei Gruppen: auf der einen Seite die, die Ihn kraft ihres Glaubens erkennen, auf der anderen Seite die, die Seine Existenz über den Verstand zugeben. Denn letzere stellen eine Ordnung in bestimmten Aspekten der Schöpfung fest und schließen daraus auf die Existenz eines ordnenden Prinzips. Indem wir die Schöpfung studieren, verstehen wir den Schöpfer und können wissen, ob sie von einer unbewußten und unwillkürlichen Kraft erschaffen worden ist, oder von einer bewußten und willkürlichen Kraft. Genauso erkennen wir, wenn wir einen tausende Jahre alten Gegenstand finden, eindeutig die formende Hand des Menschen, eines denkenden Wesens, das den Willen und die Absicht gehabt hat, etwas zu erschaffen; denn die Natur hat weder das Bewußtsein noch den Willen, etwas zu erschaffen. Wenn wir das Universum betrachten und die unveränderliche Ordnung, von der es regiert wird, dann sind wir gezwungen, darin Zeichen eines bewußten Gedankens zu erkennen. So haben die Bewegungen der Planeten eine festgelegte, berechenbare und vorhersehbare Ordnung dank eines denkenden WE-SENS, das diese Ordnung erschaffen hat und aufrechterhält.

Einige sagen, wie wir gesehen haben, daß das Universum aus einer Kraft hervorgeht, die keinen Willen und kein Bewußtsein hat, einer Kraft, die einmal etwas erschaffen hat und dann verschwunden ist. Doch ist es einer unbewußten Kraft möglich, ein geordnetes, festgelegtes, berechenbares Universum zu erschaffen? Und wir, die wir denkende Wesen mit einem gewissen freien Willen sind — ist es möglich, daß eine einfache unbewußte Kraft dazu in der Lage ist, uns so zu erschaffen: denkend und frei? Sicherlich nicht. Wenn wir Fußspuren sehen, schließen wir daraus, daß dort ein Lebewesen gelaufen ist. Genauso werden wir, wenn wir das Universum und unser eigenes »Selbst« betrachten, auf einen einmaligen Schöpfer, auf Gott zurückgeführt.

Alle Geschöpfe werden von einer festgelegten Ordnung bestimmt. Mit unseren physischen Sinnen können wir diese inhärente Ordnung jedoch nur bei bestimmten Arten von Geschöpfen erfassen. Doch mit fortschreitender Entwicklung der Wissenschaft haben wir mehr und mehr die Möglichkeit, die Ordnung in allen Dingen festzustellen. Wir können sogar sicher sein, daß in der Zukunft die Existenz des einen, einzigen SCHÖPFERS offiziell von den Wissenschaften anerkannt werden wird. Damit hat dann alle Polemik ein Ende. Aus diesen Gründen wissen wir, daß alle Geschöpfe des Universums von einer Kraft erschaffen worden sind, die wir GOTT nennen. Er herrscht über Seine Schöpfung. Er hat sie erdacht und gewollt. Er hat nichts Schlechtes erschaffen, da Er jedem Ding ein Ziel angewiesen und Vernunft mitgegeben hat. Er hält Seine Herrschaft weiter aufrecht und wird sie bis in alle Ewigkeit aufrechterhalten.

Es gibt noch viele andere Argumente, doch wir haben uns hier auf die einfachsten und einleuchtendsten beschränkt.

3. Die Erschaffung der Welt

Gott ist. Er ist weder gezeugt noch verursacht. Er ist die Primordiale Ursache, die nicht aus einer anderen Ursache erschaffen worden ist. Er hat die materielle Welt und die immaterielle Welt nach dem Gesetz der Kausalität erschaffen. Es wird gesagt, daß die erste Schöpfung des Universums der »Erste Intellekt« (oder der »Erste Verstand«) genannt wird.

Am Anfang war Gott. Nichts anderes existierte als Er. Er beschloß, das Universum zu erschaffen, und machte den Ersten Intellekt, der gewissermaßen die Primordiale Materie des Universums ist. Auf den Ersten Intellekt folgten in hierarchischer Reihenfolge neun weitere Intellekte, die der Zweite Intellekt, der Dritte Intellekt usw. genannt wurden. Diese Intellekte sind die schöpferische Ursache der verschiedenen Teile des Universums. Somit hat jedes Geschöpf seinen Ursprung im Ersten Intellekt.

Jedes Geschöpf trägt in sich die Möglichkeit, seine eigene Vollkommenheit zu erlangen. Wir können dieses Potential, diese Kraft, die zur Vollkommenheit strebt, in der pflanzlichen und tierischen Welt feststellen. Das Streben nach Vervollkommnung zieht sich kontinuierlich vom niedrigsten bis zum höchsten Wesen durch. Es ist das Ergebnis eines sogenannten »Influx«[1] oder einer vitalen, unsichtbaren Kraft oder Essenz, die allem, was existiert, innewohnt und den sichtbaren Wesen Leben gibt. So verliert jedes Wesen, das von seiner vitalen Kraft getrennt wird, augenblicklich das Leben. Jedes Ding, von der kleinsten Einheit der materiellen Welt bis zur vollendetsten Komposition (die auf unserem Planeten der Mensch ist), besitzt diesen Influx, diese vitale, lebensspendende Kraft, die den Weg ihrer eigenen Vervollkommnung mit Hilfe der kontinuierlichen Transformation der Materie verfolgt.

Es gibt keine tote Materie, da selbst die Mineralien von diesem inneren Streben beseelt sind und ihre ganz eigenen Empfindungen haben. Aus seinem innersten Wesen heraus richtet sich dieses Streben auf Gott. Die vitale Essenz ist die Ursache der sichtbaren Vervollkommnung eines Wesens von seiner Geburt an bis zu seinem Tod, und in dem Moment, in dem sie ihre eigene Vervollkommnung erreicht, ist sie gleichzeitig auch mit der unsichtbaren Vervollkommnung der anderen vitalen Essenzen verbunden.

Es gibt fünf Arten von Seelen, von denen drei vitale Essenzen sind, die auf verschiedenen Stufen der Schöpfung und in verschiedenen Zuständen existieren: die Seele[2] der Mineralien, die Seele der Pflanzen, die Seele der Tiere, die Seele des »menschlichen Tieres« – oder die basharische Seele – und schließlich die engelhafte Seele.

Für unseren Planeten ist das niedrigste Wesen die Erde (das Reich der Mineralien). Es gibt niedrigere Wesen als die Erde, doch wir erwähnen sie nicht, da sie den Menschen noch unbekannt sind. Folglich beginnt das Streben nach Vervollkommnung für unseren Planeten mit der Erde. Die Erde wird von einer vitalen, unerklärbaren Kraft bewohnt: der mineralischen Seele. Diese Seele verfolgt ihren Vervollkommnungsprozeß, und wenn sie am Ende dieses Prozesses angelangt ist, verwandelt sie sich in eine Seele der nächsthöheren Stufe, in die pflanzliche Seele. Da die pflanzliche Seele das Endergebnis der mineralischen Seele ist, trägt sie in sich die Prägung der mineralischen Seele. Die pflanzliche Seele ist die Kraft, die das Wachstum und die Entwicklung der pflanzlichen Welt ermöglicht.

Die Pflanzen vervollkommnen sich auch, denn jedem Wesen wohnt diese vitale Kraft, die Seele, inne, die Ursache und

Grund für seine Vervollkommnung ist. Wenn in einem Samenkorn zum Beispiel diese Kraft nicht vorhanden ist, dann ist es tot und verliert damit die Fähigkeit zu keimen. Äußerlich unterscheidet sich dieses tote Samenkorn nicht von den anderen, doch fehlt ihm die vitale Essenz, die sich in einem lebenden Samenkorn befindet. Genauso gibt es unter den Edelsteinen solche, die tot sind; sie haben ihren Glanz verloren.

Bis zur Stufe der basharischen Seele besitzen die Seelen keine Individualität und entwickeln sich bis dahin durch »Akkumulation« weiter. Durch Akkumulieren kommt die mineralische Seele an die Schwelle der Transformation und wird zur pflanzlichen Seele. Auf die gleiche Weise vervollkommnet sich die pflanzliche Seele, sie akkumuliert und arbeitet so die tierische Seele aus.

Die tierische Seele erlaubt schließlich die Entstehung der basharischen Seele, das heißt des »menschlichen Tieres«. Da jede dieser Seelen eine Zusammensetzung aus ihrer eigenen Seele und den Prägungen der vorausgegangenen primitiveren Seelen ist, die ihre Entstehung ermöglicht haben, besteht die basharische Seele, von ihren eigenen charakteristischen Merkmalen abgesehen, aus den Prägungen dreier Seelen: der mineralischen Seele, die in verschiedenen Teilen des Körpers vorhanden ist wie beispielsweise in den Knochen; der pflanzlichen Seele, die unter anderem Finger und Zehennägel sowie die Haare wachsen läßt, und der tierischen Seele, die den Menschen dahingehend prägt, daß bestimmte charakteristische Merkmale von Tieren deutlich das Temperament und die äußere Erscheinung mancher Leute dominieren.

Der Körper des »menschlichen Tieres« ist das Endergebnis, die Vollendung der Materie, und dient der engelhaften Seele, die direkt von Gott kommt, als Gefäß. Nach dem Tod kehrt der Körper, der aus der Erde hervorgegangen ist, wieder zur Erde zurück. Die engelhafte Seele besteht jedoch weiter, wobei sie die Prägung der basharischen Seele beibehält.

4. Die Vervollkommnung der Geschöpfe

Jede Seele benötigt die Materie als Grundlage, um die Möglichkeit zu haben, ihre Vervollkommnung zu erlangen, sich ihrer selbst voll bewußt und frei zu werden. Doch während sich die materielle Grundlage auflöst, nachdem sie ihr Ende erreicht hat, und ihre Bestandteile zu einer neuen Form umstrukturiert werden, löst die Seele selbst sich nicht auf, sondern setzt stattdessen ihre Entwicklung fort. Die mineralische Seele bringt, wenn sie akkumuliert und ihre Vervollkommnung erreicht hat, die pflanzliche Seele hervor, dann die tierische und schließlich die basharische Seele, die Seele des »menschlichen Tieres«. Die »Erschaffung« der einzelnen Gattungen ist jedoch nicht das Ergebnis der Vervollkommnung der niedrigeren Gattung. Zum Beispiel »erschafft« die vervollkommnete mineralische Seele nicht die Pflanzen, sondern ermöglicht lediglich ihr Wachstum, ihre materielle und spirituelle Entwicklung. Er ist es, der ursprünglich die Mineralien, Pflanzen, Tiere und Menschen erschaffen hat. Das Tier ist ein Gefäß für die tierische Seele, die Pflanze das Gefäß für die pflanzliche Seele usw.

Seit ihrer Erschaffung verändert sich die Materie ständig, ohne jemals ins Nichts zurückzukehren, und parallel zur Vervollkommnung der Seele findet auch eine gewisse Vervollkommnung der Materie statt, die von der Seele bestimmt wird. Überdies gibt es in jedem der Mineral-, Pflanzen-, und Tierreiche auch noch einmal unterschiedliche Entwicklungsstufen: Ein Edelstein zum Beispiel ist vollkommener als ein gewöhnlicher Stein und besitzt eine gewisse Kraft[1]. Die pflanzliche Seele bewohnt je nach Grad ihrer Vollkommenheit mehr oder weniger hochentwickelte Pflanzenarten. Genauso gibt es innerhalb der Tierarten unterschiedliche Stufen der Vervollkommnung: Die Akkumulation von Seelen niedrigerer Tiere ergibt eine höhere tierische Seele.

Alle Wesen sind aus einer bestimmten Anzahl von Grundelementen geformt. Was sie jedoch voneinander unterscheidet, ist die Anordnung dieser Elemente, ihre Struktur. Jede Form, jede Struktur erhält die Seele, die zu ihr paßt. Jede Seele lebt in der ihr entsprechenden materiellen Grundlage und trägt dazu bei, die Ordnung und Struktur dieser Grundlage aufrechtzuerhalten.

Die Mineralien, Pflanzen und Tiere schließen ihren Vervollkommnungsprozeß mit der Stufe des Menschen ab. Die Zusammensetzung des Menschen ist einmalig: Auf der einen Seite ist seine basharische Seele, die Seele des »menschlichen Tieres«, das Endergebnis innerhalb der Vervollkommnung vom Mineral zum Tier, und auf der anderen Seite besitzt er darüber hinaus eine engelhafte Seele, die der ODEM der göttlichen SEELE ist. Diese beiden Seelen durchdringen sich gegenseitig, doch nach dem Tod löst der Körper sich in seine einzelnen Bestandteile auf (außer in bestimmten außergewöhnlichen Fällen), während die engelhafte Seele ewig bestehen bleibt und in sich die Prägung der basharischen Seele bewahrt.

Es ist der Gegensatz zwischen der basharischen und der engelhaften Seele im Menschen, der ihm die Möglichkeit gibt, sich zu vervollkommnen. Die eine tendiert zur Tiernatur, die andere zur Göttlichkeit. Nur wenn der göttliche Teil die Tiernatur in uns beherrscht und kontrolliert, kann die engelhafte Seele oder genauer gesagt das »Selbst« wieder zur Göttlichkeit kommen. Solange die engelhafte Seele dieses Niveau nicht erreicht hat, muß sie immer wieder in neuen Körpern bis zu einer festgelegten Grenze leben, nach der sie nicht mehr in die materielle Welt zurückkehrt, ganz gleich, welche Stufe der Vervollkommnung sie erreicht hat. Somit existiert im Menschen ein Element, das direkt von Gott kommt und das göttliche Eigenschaften besitzt: So wie Gott unsterblich ist, so ist auch die Seele, die der ODEM der göttlichen SEELE ist, unsterblich.

Beim Menschen ergeben die engelhaften Seele zusammen mit den Prägungen der basharischen Seele das Selbst. Sämtliche Eindrücke und Empfindungen des Selbst bleiben nach dem Tod des Körpers erhalten. Wir müssen verstehen, daß der Tod kein Schlaf ist, daß die Wirklichkeit unseres Selbst, die Seele, voll bewußt in die andere Welt geht, und daß unser Erdenleben in Wahrheit einem Traum gleicht.

Der Körper ist nur eine Hülle für die Seele. So wie jeder im Laufe seines Lebens seine äußere Erscheinung ändert, ohne dabei seine Individualität zu verändern, so ändert das Selbst sich nicht von der Geburt bis zum Tod und auch nicht nach dem Tod. Das Selbst bleibt unveränderlich. Derjenige, der stirbt, verläßt ganz einfach seine irdische Hülle und geht in die andere Welt. Nach dem Tod bleiben die Eindrücke und Empfindungen, so daß manche Menschen bereits einige Zeit tot sind, aber noch nicht realisiert haben, daß sie in der anderen Welt sind (hierbei handelt es sich um eine Art von Bestrafung).

Die engelhafte Seele behält übrigens jedesmal, wenn sie in einem neuen Körper lebt, nach dem Tod die Prägungen der charakteristischen Eigenschaften dieses Körpers bei. Wenn sie im Körper A, B, C, D usw. gelebt hat, behält sie die Prägungen von A, B, C, D usw. bei, ohne jedoch dabei ihr Selbst zu verändern. Und jedesmal wenn sie eine irdische Hülle verläßt, erinnert sie sich ihrer vergangenen Leben.

Die engelhafte Seele hat als Vehikel den menschlichen Körper und kann im Prinzip auch nur im menschlichen Körper leben. Doch genügt im allgemeinen eine einzige irdische Hülle, ein einziges »Reittier«[2] nicht. Es bedarf vieler solcher Hüllen oder Reittiere, um den Weg der Vervollkommnung zu durchlaufen.

Angefangen mit der ersten irdischen Hülle stehen der Seele fünfzigtausend Jahre (oder tausend irdische Hüllen) zur Verfügung, um sich zu vervollkommnen, und sie muß tausend spirituelle Stufen oder im Schnitt eine Stufe pro Leben durchlaufen. Es ist möglich, mehrere oder sogar alle tausend Stufen in einem einzigen Leben zu durchlaufen. Doch kann dies auch viel mehr Zeit, ja sogar die gesamten fünfzigtausend Jahre beanspruchen. Nach tausend irdischen Hüllen tragen diejenigen, die die Vollkommenheit erreicht haben, die tausendundeinte Hülle, die »Hülle der Vollkommenheit«. Je nach ihren Verdiensten kann eine gläubige und tugendhafte Person von einem oder sogar von hundert oder mehr Leben befreit werden. Dagegen fällt derjenige, der in einem Leben unverzeihliche Sünden begeht, unter das »Gesetz des Zorns«[3]. Das heißt, der Strom des Bösen, der von denkenden und verantwortlichen Wesen[4] eines jeden Planeten erzeugt wird, kollidiert mit der göttlichen Gerechtigkeit und löst eine Flut von Zorn aus. Im allgemeinen entspricht der Grad der Sühne der Schwere der Sünden; die kleineren werden schon im Laufe des Lebens gesühnt. In schwereren Fällen muß die Seele ein oder zwei Leben in der »Hülle der Sünde«[5] durchlaufen. Und wenn ihre Verfehlung von extremer Schwere ist, wird sie zurückgestuft und muß die »Hülle des Tieres«[6], das heißt die Gestalt eines Tieres annehmen. Die »Hülle der Sünde« und die »Hülle des Tieres« werden innerhalb der fünfzigtausend Jahre oder tausend irdischen Hüllen, die jeder Seele zustehen, nicht angerechnet.

Es kommt auch vor, daß eine Seele (eine Person) am Ende von fünfzigtausend Jahren ihr letztes Ziel nicht erreicht hat und die Sünden die guten Taten überwiegen. Und selbst wenn die guten Taten überwiegen, gewinnt die Seele deshalb noch nicht die spirituelle Vollkommenheit. Für die unvollkommenen Seelen existieren zwei Welten: die Hölle und das Paradies. Was die vollkommenen Seelen anbetrifft, so glangen sie in die Nähe ihres Schöpfers. Unter vollständiger Beibehaltung ihrer Identität kehrt ihr Selbst zu Gott zurück, wie ein Wassertropfen, der im Meer aufgeht. Nichts gibt es mehr, das zwischen dem Selbst und Gott steht.

Die Erschaffung des gesamten Universums ist auf der Beziehung von Ursache – Mittel – Wirkung konzipiert und begründet worden (mit Ausnahme von bestimmten Fällen, in denen der göttliche Wille direkt interveniert): zum Beispiel sind Vater und Mutter die Ursache für ein Kind, und so weiter. Wenn einige Wesen weiter entwickelt sind als andere, dann ist das eine Folge dieses Kausalitätsgesetzes. Ein Wesen kann die Ursache des Wesens sein, das ihm folgt, und das Ergebnis oder die Wirkung der Wesen, die ihm vorausgehen. Als Gott die Welt erschaffen hat, hat er auch das Tier und den Menschen, die Erde und die Pflanzen erschaffen. Damit die Natur in Harmonie und Ganzheitlichkeit sein und sich weiterentwickeln kann, muß es alle Arten von Wesen geben, niedere, mittlere und höhere. Doch da alle das Recht auf Vervollkommnung genießen, herrscht Gerechtigkeit und niemand wird benachteiligt.

Jedes Wesen hat in sich die Fähigkeit, die Vollkommenheit zu erreichen. Zum Beispiel müssen auf unserem Planeten sowohl der Mensch, der Gott näher ist, wie auch die Menschen, die am entferntesten von Ihm sind, alle das gleiche Ziel, ihre eigene Vervollkommnung, erreichen. Der Mensch ist der Vollkommenheit viel näher als die Mineralien, die Pflanzen und die Tiere, und der Weg, den die pflanzliche oder mineralische Seele gehen muß, ist länger. Nach dem Gerechtigkeitsprinzip ist die Fortentwicklung der Seelen unwillkürlich und automatisch bei den Wesen, die auf einer niedrigeren Stufe stehen als der Mensch. So ist jedes dieser Wesen völlig mit dem zufrieden, was es ist, und ist schließlich an der Erschaffung des »menschlichen Tieres« beteiligt, dem nobelsten und entwickeltsten Tier auf der Erde.

Die Vervollkommnung der Geschöpfe ist damit bis zu einem gewissen Grad **automatisch.** Doch sowie die engelhafte Seele vorhanden ist, verschwindet der Automatismus und der **individuelle Wille** kommt ins Spiel. Ob wir die Vollkommenheit erreichen, ins Paradies gelangen oder in die Hölle stürzen, hängt ganz von jedem einzelnen von uns ab, denn wir sind alle mit einer engelhaften Seele ausgestattet und folglich mit einem Willen und einem Geist, der in der Lage ist, Gutes von Bösem zu unterscheiden. Jeder Mensch ist verantwortlich, trägt zu seinem Schicksal bei und bekommt, was er verdient hat.

5. Der Ursprung des Menschen

Die Meinungen, die über den Ursprung des Menschen, seine Entwicklung und seine Bestimmung im Umlauf sind, sind zumeist entweder teilweise oder völlig falsch und die Folge unserer begrenzten Sichtweise. Man glaubt beispielsweise, daß die Zivilisation nur einige tausend Jahre zurückgeht. Dabei hat es bereits vor unserer zahllose andere gegeben, und unsere augenblickliche Zivilisation wird ebenso ihren Höhepunkt erreichen und dann verschwinden. Die Überlebenden werden einen neuen Zyklus beginnen und glauben, sie seien die ersten Menschen auf der Erde.

Einige denken, daß der Mensch und der Affe gleicher Abstammung sind, oder daß die höher entwickelten Tiere ein Endergebnis der Entwicklung der niedrigeren Arten sind. Es gibt andere Theorien, die manchen Tatsachen entsprechen mögen, doch sind die aktuellen wissenschaftlichen Methoden immer noch unzureichend, um an die ganze Wahrheit in dieser Frage zu gelangen.

Der Mensch ist ein Tier, das mit der Seele des »menschlichen Tieres«, der basharischen Seele, ausgestattet ist, jedoch auch mit der engelhaften Seele. Als »menschliches Tier« besitzt er die Instinkte der Tiere und verhält sich wie sie, doch seine engelhafte Seite gibt ihm die Fähigkeit, seine Instinkte vollständig zu beherrschen, etwas zu schaffen, die Geheimnisse der Schöpfung zu entdecken und noch einiges mehr, denn der Mensch wird von Fortschritt und Entdeckung angezogen.

In jedem Geschöpf gibt es einen offenkundig **sichtbaren** Aspekt und einen Aspekt, der als **unsichtbar** und verborgen bezeichnet wird. In Wirklichkeit aber könnte der Mensch, wenn er all seine Fähigkeiten nutzen würde, den unsichtbaren Aspekt der Dinge sehen und die Wahrheit entdecken. Die sichtbare Seite aller Geschöpfe ist aus einfachen Elementen von unterschiedlicher Struktur, dem einzelnen Organismus entsprechend, zusammengesetzt. Die unsichtbare Seite ist eine Art »Influx«[1], oder vitale Kraft, die die Geschöpfe in eine stetige Bewegung versetzt, sie immer wieder verändert und zu ihrer Vervollkommnung drängt.

In Wirklichkeit sitzt das Wesentliche im »Influx« und/oder in der Seele, das heißt im unsichtbaren Aspekt der Geschöpfe. Die konkrete und sichtbare Erscheinung ist nur eine notwendige Hilfe bei der Vervollkommnung des »Influx« und/oder der Seele.

Das Streben nach Vervollkommnung wirkt in jedem Wesen, sowohl in seiner sichtbaren als auch in seiner unsichtbaren Seite. Beim Menschen entspricht die äußere Erscheinung dem Körper eines Tieres, das aufrecht geht. Seine unsichtbare Seite wird von zwei Elementen gebildet: Das erste ist die basharische Seele, die die Summe einer bestimmten Anzahl vervollkommneter »Influxe« oder vitaler Kräfte aus vielen Mineralien, Pflanzen und Tieren ist. Das andere ist der göttliche ODEM oder ATEM, die engelhafte Seele.

Der Mensch besitzt außer seinen physischen Sinnen eine Anzahl weiterer Sinne, die die spirituellen Sinne genannt werden. Er kann diese spirituellen Sinne erwecken, indem er einem entsprechenden Weg folgt, und kann mit ihrer Hilfe bei seiner Suche sehr weit kommen. Der Tag wird kommen, an dem der Mensch, wenn er in vollkommener Weise seine intellektuellen und spirituellen Kräfte vereint, die Wahrheit entdecken und damit allen fruchtlosen Diskussionen, die für die wirkliche spirituelle Weiterentwicklung nur hinderlich sind, ein Ende setzen wird.

Kurz gesagt, der Unterschied zwischen Mensch und Tier ist tiefgreifend. Diejenigen, die die Gabe besitzen, sehr weit in die Zeit und zurück bis an den Schöpfungsbeginn zu sehen, haben festgestellt, daß der Mensch, so wie er ist, erschaffen wurde. Die Frage der Vervollkommnung ist damit also nicht an eine physische oder historische Entwicklung gebunden. Seelen sind heute nicht vollkommener als in der Vergangenheit, denn sie kommen aus einer unerschöpflichen Quelle in die Existenz, als ununterbrochener Strom, wie das Strahlen der Sonne. Selbstverständlich entwickelt der Mensch sich auf der Ebene seines basharischen Denkvermögens weiter, das heißt unabhängig vom Einfluß der engelhaften Seele. Früher zum Beispiel waren die Menschen unserer Zivilisation robuster, und ihr Gehirn war weniger entwickelt. Doch betrifft dies nur den körperlichen Aspekt, der nicht unbedingt mit der Seele in Beziehung steht.

6. Die Welten der Seelen

Die Welten der Seelen sind von einem solchen Ausmaß und einer derartigen Mannigfaltigkeit, daß es unsere Vorstellungskraft übersteigt; selbst die großen spirituellen Meister und Heiligen haben jeder nur einen Winkel davon entdeckt und enthüllt. Diese Welten sind wahr und sind die Wirklichkeit selbst, doch in der Zwischenwelt kann jeder nur sein eigenes Abbild sehen. Wir beschränken uns hier auf einige Punkte, die der Vervollkommnung des Menschen nützen.

Um den Sinn des Lebens zu verstehen, müssen wir wissen, was der Tod bedeutet. Alle Religionen haben von der Welt nach dem Tod gesprochen, einer Welt, in der die Materie nicht mehr regiert, einer Welt, in die die Seelen der Verstorbenen geführt werden und in der sie bleiben. Doch die meisten offiziellen Vertreter der Religionen sprechen darüber nur sehr unbestimmt oder dem Verstand und den Gewohnheiten der Menschen ihrer Zeit und ihrer Umgebung angepaßt, um sie zu ermutigen.

Jedes Geschöpf, das aus dem Nichts hervorkommt, befindet sich in einer der drei folgenden Welten: der **materiellen (konkreten) Welt,** der **Zwischenwelt** (beide nur vorübergehend) und der **ewigen (definitiven) Welt.**

Die **materielle Welt,** die uns betrifft, ist unsere Erde. Obwohl es viele andere bewohnte Planeten gibt, macht sie unsere materielle Welt aus, die Welt, in der wir mit unserem physischen Körper leben und in der auch die Geschöpfe leben, die der menschlichen Stufe vorausgehen: die Wesen der mineralischen, pflanzlichen und tierischen Reiche.

Die Zwischenwelt

Die Zwischenwelt, die ein Teil der spirituellen Welt ist, befindet sich stets in der Atmosphäre, die jeden Planeten umgibt. Jeder bewohnte Planet hat damit also seine eigene Zwischenwelt. Diese Welt ist wie eine Replik der konkreten Welt – immateriell und doch ganz real. Obwohl sie besser als diese materielle Welt ist, kann man sie dennoch allein aufgrund bestimmter Ähnlichkeiten, die zwischen beiden bestehen, als eine Verlängerung dieser Welt ansehen. Die Seelen, die »Selbste«, erscheinen dort in derselben Gestalt wie während ihres irdischen Lebens, doch ist diese Gestalt für uns unfühlbar geworden, wie ein Widerschein ihrer irdischen Erscheinung. In der Zwischenwelt sind die Empfindungen viel intensiver und ausgeprägter als in der konkreten Welt. Freude und Leid werden mit viel größerer Heftigkeit empfunden. Darum erfährt der Mensch, wenn er in diese Welt kommt, eine tiefe Bewußtwerdung über das, was er im Laufe seines Erdendaseins vollbracht hat. Doch ist es ein Irrtum zu glauben, daß wir, sowie wir unsere körperliche Hülle verlassen und in die Zwischenwelt eintreten, gleich alles verstehen: Wir nehmen nur das Ergebnis unserer geistigen Erziehung mit, die wir hier unten erhalten haben. Daher ist es für diejenigen, die auf der Erde leben, von wesentlicher Bedeutung, daß sie eine ausgezeichnete geistige und spirituelle Erziehung erhalten.

Der Meister hat diese Welt mit den folgenden Worten beschrieben[1]:

»Die Zwischenwelt liegt zwischen der materiellen und der ewigen Welt. Sie befindet sich außerhalb des Einflusses von Zeit und Raum: Selbst wenn alle Geschöpfe des Universums, vom ersten angefangen bis zum letzten, in ihr versammelt wären, würde der Platz, den sie dabei in Anspruch nähmen, ihr Ausmaß nicht im geringsten beeinträchtigen. Die Wahrnehmung von Zeit existiert dort ebenfalls, unterscheidet sich jedoch für jeden einzelnen je nach seinem Schicksal und den Folgen seiner

Handlungen. Um einen Vergleich zwischen der auf der Erde verstrichenen und in der Zwischenwelt verstrichenen Zeit aufzustellen: Ein in der Zwischenwelt vergangenes Jahr kann sich bis auf eine Sekunde der auf der Erde vergangenen Zeit reduzieren und umgekehrt. Diese Wahrnehmungen der Unterschiede in der Zeit sind weder Phantasieprodukt noch Täuschung, sondern ganz real. Denn in der Zwischenwelt fallen der Ablauf der Zeit und die Ausdehnung des Raumes nicht in den Bereich der physischen, sondern der metaphysischen Wahrnehmungen bestimmter Realitäten und reiner Wahrheiten.«

Wenn ein Mensch stirbt, gelangt die Seele direkt oder nach einer Frist zwangsläufig in die Zwischenwelt, wo ihre Handlungen und Absichten gerichtet werden. Alsdann sieht sie sich vor einer der beiden folgenden Situationen:

Entweder hat sie die Frist von fünfzigtausend Jahren noch nicht aufgebraucht, die ihr zur Verfügung steht, um ihre Vervollkommnung zu erlangen, – oder sie hat bereits das Ende dieser Frist erreicht.

Trifft der erste Fall auf eine Person zu, kommt sie mit einem neuen Körper auf die Erde zurück und verfolgt ihren Weg weiter. Bevor sie zur Erde zurückkommt, kann sie auch einen spirituellen Unterricht besuchen, um zu lernen, oder eine Art provisorisches Fegefeuer durchlaufen. Oder aber, wenn sie besondere Verdienste erworben hat, wird ihr die Gnade zuteil, nicht mehr zur Erde zurückkommen zu müssen und statt dessen ihre Vervollkommnung in der Zwischenwelt weiterzuverfolgen. In diesem Falle werden für sie dort ähnliche Bedingungen geschaffen wie auf der Erde, doch da die Seele bewußter als in der konkreten Welt ist, macht sie weniger Fehler und »arbeitet« besser. (Wir müssen verstehen, daß es für die Seele einen sehr großen Schmerz bedeutet, zur Erde zurückkehren und von neuem die verschiedenen Stadien von Wachstum und Verfall, von der Geburt bis zum Alter durchlaufen zu müssen.)

Es kommt auch vor, daß man einige Seelen eine Zeitlang in der Zwischenwelt behält, damit sie mit Hilfe der Einwirkungen, die aus der materiellen Welt (Empfindungen, Gefühle usw.) zu ihnen gelangen, an ihrer Entwicklung weiterarbeiten können. Anschließend werden sie einer Prüfung unterzogen. Die einen haben Erfolg, können in der Zwischenwelt bleiben und ihren Weg weiterverfolgen, die anderen müssen auf die Erde zurückkehren, um sich hier weiterzuentwickeln.

Die Seele kann ebenso auch Zutritt zum Paradies der Zwischenwelt haben. Dieses Paradies erscheint ihr wie das, wonach sie sich ihr ganzes Leben gesehnt hat, und das ihr religiöses Ziel war nach dem Bild, das man ihr davon suggeriert hat. Im allgemeinen jedoch stellt die Seele bald ihren Irrtum fest und bittet, auf die Erde zurückkehren zu dürfen, um dort ihre spirituelle Arbeit fortzusetzen.

Die Dauer des Aufenthaltes in der Zwischenwelt ist unterschiedlich und hängt einzig und allein vom höchsten RICHTER ab. Diese Dauer wird innerhalb der fünfzigtausend Jahre Aufenthalt auf der Erde nicht angerechnet. Wenn die fünfzigtausend Jahre verstrichen sind, schaltet sich das letzte Gericht, das Jüngste Gericht, ein.

Wenn aber die Seele ihre Vollkommenheit vor Ablauf der Frist von fünfzigtausend Jahren erreicht hat, verbringt sie eine mehr oder weniger kurze Zeit in der Zwischenwelt und geht, wenn sie Rechenschaft über ihre Taten abgelegt hat, in die definitive Welt, die ewige Welt. Das gleiche geschieht mit der Seele desjenigen, der seine Vervollkommnung am Ende der Frist erreicht. Von denen, die ihre Vollkommenheit vor Ablauf der Frist erreichen, erhält derjenige, der den anderen auch nur um eine Sekunde voraus ist, eine zusätzliche Auszeichnung, an der er sich bis in alle Ewigkeit erfreut.

Wer seine Frist beendet hat, ohne jedoch genügend Fortschritte in seiner Entwicklung gemacht zu haben, wird ebenfalls in die definitive Welt geschickt. Denn jede engelhafte Seele, die ihre Frist aufgebraucht hat – ganz gleich, ob sie die Vollkommenheit erlangt hat oder nicht –, geht, nachdem sie vor dem Jüngsten Gericht erschienen ist, in die definitive Welt und kommt nicht mehr auf die Erde und auch nicht mehr in die Zwischenwelt zurück. Dennoch ist nicht allen das gleiche Ziel bestimmt.

Die **definitive** oder **ewige Welt** umfaßt drei wesentliche »Aufenthaltsorte«: die **Welt der Vollkommenen, das Paradies, und die Hölle.** Jeder dieser Aufenthaltsorte hat viele verschiedene Stufen, die den jeweiligen Fähigkeiten der Seelen entsprechen und dem, was jede einzelne von ihnen verdient hat. Dies sind ebensoviel Ebenen der Nähe oder Ferne zu Gott und damit der Freude oder des Leids.

In der definitiven Welt müssen die Seelen anders als in der Zwischenwelt keine Form mehr annehmen, um sich kenntlich zu machen, was sie jedoch nicht daran hindert, sich untereinander wiederzuerkennen. Doch wenn sich eine Seele aus der Welt der Vollkommenen manifestieren will, um einen Auftrag in der Zwischenwelt oder in der physischen Welt zu erfüllen, muß sie den Gesetzen dieser Welten entsprechend eine bestimmte Gestalt oder eine bestimmte Form annehmen.

Die Welt der Vollkommenen und das Paradies
Die Welt der Vollkommenen ist die Nähe Gottes. Sie ist die höchste, die erhabenste aller Welten. Nur Seelen, die die Vollkommenheit erreicht haben, finden Zutritt zu ihr. Dort, in Gottes Nähe, erfreuen sie sich in vollem Bewußtsein, in vollkommener Reife und mit einem vollkommenen Wissen eines absoluten Glückes, der totalen Freiheit und unbegrenzter Möglichkeiten. Es gibt kein Wort, das auch nur annähernd eine Vorstellung von der Welt der Vollkommenen vermitteln könnte. Es ist unbeschreiblich.

Das ewige Paradies ist ein Ort, dessen Wonnen bei weitem jede der Beschreibungen in den Heiligen Schriften übersteigen. Im übrigen haben diese bislang auch nur die ersten Stufen dargestellt. Auch wenn die Seelen dort extrem glücklich sind, so ist das ewige Paradies dennoch weit von der Welt der Vollkommenen entfernt und ganz anders und niedriger als diese. Um sich eine Vorstellung von diesem Unterschied machen zu können, kann man jemanden, der in der Welt der Vollkommenen ist, mit einem feinen Herrn vergleichen, der im Besitz unermeßlicher Reichtümer und grenzenloser Macht ist, während derjenige, der sich nur im Paradies befindet, wenn auch auf der höchsten Ebene, vergleichbar ist mit einem gewöhnlichen Menschen, den es ständig reut, daß er nicht die nötigen Anstrengungen unternommen hat, selbst auch ein so feiner Herr zu werden.

In der Welt der Vollkommenen ist das Glück vollkommen, sind die Freiheit und die Möglichkeiten grenzenlos, während sie im Paradies immer noch begrenzt sind, ganz gleich, auf welcher Ebene man sich dort befindet. Gewiß, die Seele lebt dort in einem Zustand großen Glückes, doch sie empfindet stets das Fehlen der Welt der Vollkommenen und das Bedauern darüber. Das absolute Glück ist also das Privileg der Vollkommenen. Dagegen sind das Glück und die Freiheit der Seelen, die sich auf den verschiedenen Ebenen des Paradieses befinden, relativ. Ebenso sind auch die Leiden der Seelen, die sich auf den unterschiedlichen Ebenen der Hölle befinden, diesen Ebenen entsprechend verschieden.

Die Hölle

Die Hölle hält für diejenigen, die in sie durch das Gewicht ihrer Vergehen hineinstürzen, unbeschreibliche Leiden bereit. Hinzu kommt noch die permanente, herzzerreißende Verzweiflung darüber, unwiderruflich fern von Gottes Gegenwart zu sein.

Die Hölle befindet sich dort, wo jemand leidet und gequält wird. Eine Sache kann für den einen Leiden bedeuten, für den anderen angenehm sein. Deshalb kann man keine für alle verbindliche Beschreibung der Hölle geben. Die göttlichen Gesandten haben uns nur die ersten Stufen der Hölle vor Augen führen können, da die Höllenqualen jede menschliche Vorstellungskraft übersteigen. All ihre Beschreibungen sind wahr, doch sind es nur Bilder ganz bestimmter Aspekte. Die Freuden des Paradieses und die Qualen der Hölle können nicht in Worte gefaßt werden, und es ist schwierig, eine genaue Vorstellung davon zu übermitteln. Jede Religion hat dem Verständnis der Menschen ihrer Zeit entsprechend darüber gesprochen, um sie anzuspornen oder ihnen Angst einzuflößen und sie daran zu hindern, zu sündigen und damit zurückzufallen. Alles, was darüber gesagt worden ist, beschränkt sich lediglich auf das, was wir mit unserem begrenzten irdischen Verstand begreifen können. In Wirklichkeit gibt es in der Hölle Grade von Leiden und im Paradies Grade von Freuden, von denen wir uns nicht einmal die kleinste Vorstellung machen können, solange wir nicht von unserem Körper befreit worden sind.

Die Hölle dauert »ewig«. Nur Gott allein kann in Seiner Barmherzigkeit den Grad des Leidens der verdammten Seelen mildern. Es wird sogar eine Zeit kommen, in noch unendlicher Ferne, in der diesen Seelen vergeben wird. Sie werden dann in der Situation eines Offiziers sein, der Verrat geübt hat, desertiert ist und sich Kriminellen angeschlossen hat, der degradiert wurde, zu »lebenslänglich« verurteilt und schließlich begnadigt und freigelassen wurde. Doch er bleibt davon gezeichnet.

Was die Ewigkeit anbetrifft, so ist nur Gott allein absolut ewig. Für die Geschöpfe ist die Ewigkeit relativ, da alles, was einen Anfang hat, zwangsläufig auch ein Ende hat. Nur der EINE, EINZIGE hat weder Anfang noch Ende. Wenn man vom Ende für die Wesen spricht, heißt das nicht etwa das »Nichts«, sondern meint Transformation, Transmutation, Veränderung. Die Seelen, die die Vollkommenheit erreicht haben, kommen wieder zum EINEN, EINZIGEN zurück und werden ewig.

Während der Zeit der fünfzigtausend Jahre, die uns zugeteilt ist, geht die Seele, das Selbst, jedes Mal, wenn der physische Körper stirbt, in die Zwischenwelt. Dort wird sie nach den Taten und Absichten gerichtet, die sie im Laufe ihres Lebens in dem physischen Körper, den sie gerade verlassen hat, begangen und gehabt hat.

Wenn eine Seele ihre Vollkommenheit erreicht (vor Ablauf der zugeteilten Frist oder am Ende), nimmt sie ihren Leistungen entsprechend eine der Stufen der Welt der Vollkommenen ein.

Die Seele, die am Ende der fünfzigtausend Jahre immer noch unvollkommen ist, hat keinerlei Anspruch und keine Möglichkeiten mehr. Die Taten und Absichten all ihrer Leben werden in die Waagschale geworfen: Überwiegen die guten Taten und Absichten, gelangt diese Seele auf die Stufe des ewigen Paradieses, die sie verdient hat. Wiegt die andere Seite schwerer, wird sie auf eine der Stufen der Hölle geschickt. Halten sich beide Schalen auf der Waage die Balance, siegt immer Gottes Barmherzigkeit, und die erste Stufe (das heißt die unterste Stufe) des Paradieses öffnet sich für diese Seele.

Eine Frucht, die aufhört zu reifen, ist unvollkommen. Folglich können wir unser Selbst auch mit einem Baum vergleichen, der eine einzige Frucht hervorbringt und dessen Gärtner wir sind aufgrund unseres freien Willens. Wir müssen uns darum kümmern, daß die Frucht dieses Baumes (das heißt wir selbst) zur vollkommenen Reife gelangt. Eine Frucht kann in ihrem Wachstum unterbrochen werden, grün bleiben oder faulen, wurmstichig werden oder aber ganz normal reifen.

7. Der endgültige Beweis[1]

Gott erschafft die engelhaften Seelen so, wie die Sonne ihre Strahlen aussendet, und Seine Schöpfung ist eine freie Emanation Seiner Gnade. Wir können uns jedoch Seiner Gnade nur dann voll erfreuen, wenn wir das Ziel erreichen, das Er uns bestimmt hat und für das Er uns die Existenz gegeben hat.

Unsere Freiheit ist begrenzt, aber ausreichend, um uns verantwortlich für unser spirituelles Schicksal sein zu lassen: Einige glauben an Gott und an die religiösen Grundsätze und praktizieren die göttlichen Gebote im Rahmen ihrer Möglichkeiten. Andere zweifeln. Andere wollen an nichts glauben.

Der Mensch muß das Erdenleben wie eine Schule ansehen, in die er kommt, um zu studieren und so schnell wie möglich die einzelnen Stufen bis zur spirituellen Vervollkommnung zu durchlaufen. Sowie er die exoterische Stufe in einer der Offenbarungsreligionen absolviert hat, hat er die spirituelle Befähigung erreicht, esoterische Unterweisungen zu erlangen. So wird jeder Mensch im Laufe seiner aufeinanderfolgenden Leben mit wirklichen, echten und überzeugenden spirituellen Verhältnissen konfrontiert, die ihm die Möglichkeit geben, sein »Selbst« zu retten und das Ziel zu erreichen, für das er erschaffen worden ist. Diese spirituell authentischen Situationen wiederholen sich so oft wie nötig, um ihn von der Existenz des Einen, Einzigen Gottes, der ewigen Welt und der Unsterblichkeit der Seele zu überzeugen, wie auch von der Notwendigkeit, sich den göttlichen Gesetzen zu unterwerfen, die ihm das Heil und den ewigen Segen bringen.

Diese Zeitspanne, in der jede Seele die irdischen Schulen besuchen muß, wird als **Frist des endgültigen Beweises** bezeichnet. Keine Seele wird vor dem Jüngsten Gericht erscheinen, ohne nicht vorher die Chance gehabt zu haben, sich das volle Wissen über die göttlichen Gesetze und ihre eigenen Pflichten anzueignen.

Am Tage des Gerichts erinnert die Seele (die Person) sich an die kleinsten Details aus all ihren Leben, an all das Gute und Schlechte, das sie getan oder gedacht hat. Sie ist auch ihr eigener Richter, deshalb akzeptiert sie mit Ergebenheit die göttliche Gerechtigkeit. Wenn die Propheten von der Stunde des Jüngsten Gerichts sprechen, dann ist es in einem individuellen Sinne. Wenn die engelhafte Seele die Frist von fünfzigtausend Jahren durchlaufen hat, die ihr zugeteilt ist, bedeutet dies ihr persönliches Ende der Welt, da sie aus der materiellen Welt verschwindet. Sie wird gerichtet und kommt unwiderruflich bis in alle Ewigkeit an den Ort, den sie verdient hat. Der Eindruck, den das Jüngste Gericht hinterläßt, ist von einer unfaßbaren Intensität.

Der endgültige Beweis ist ein unumstößlicher Beweis, gegen den weder Berufung eingelegt noch Einspruch erhoben werden kann. Die Gebote Gottes, die durch die göttlichen Gesandten, die Heiligen und die Vali[2] überbracht wurden, sind für die Menschen »Beweise«, ob sie dies zur Kenntnis nehmen wollen oder nicht. Jedenfalls können sie am Tage des Jüngsten Gerichts nicht sagen: »Hättest DU uns DEINE Gebote gesandt und uns darin unterwiesen, hätten wir keine Sünden begangen.« Wäre Jesus Christus nicht auf die Erde gekommen und hätte den Menschen das Wort Gottes verkündet, wären die Christen nicht verantwortlich für ihre Sünden. Christus ist aber auf die Erde gekommen, den göttlichen Beweis zu verkünden. Zarathustra, Buddha und Moses haben das gleiche getan.

Der Islam wurde mit Mohammad geboren, der den göttlichen Beweis in Form des Korans brachte. Seine spirituellen Nachfolger, die heiligen Imame, erklärten den Sinn des Korans, um den göttlichen Beweis zu erneuern.

Die Menschen, die einer der Religionen dieser großen Propheten angehören, werden − ob sie nun glauben oder nicht, ob sie ihre Religion ausüben oder nicht − als jemand betrachtet, der den göttlichen Beweis empfangen hat, denn sie haben die Pflicht, sich mit ihrer Religion gründlich zu befassen, und wenn sie nicht überzeugt sind, mit ihren Studien in den anderen Offenbarungsreligionen fortzufahren. Diejenigen aber, die im Laufe ihres gesamten Lebens von keiner der Offenbarungsreligionen etwas gehört haben, erhalten in einem anderen Leben die Gelegenheit. Denn jeder Seele wird, damit sie sich vervollkommnen kann, die gleiche Frist zugeteilt, während der sie im Laufe ihrer aufeinanderfolgenden Leben mit dem Umfeld und den Anschauungen in Berührung kommt, die für sie wichtig sind. Wir tragen somit also im Rahmen unseres freien Willens zur Bildung des Milieus und der Verhältnisse in unserem nächsten Leben bei. Am Ende dieser Frist ist es der Seele nicht mehr erlaubt, noch einmal eine irdische Hülle anzunehmen. Der Tag ihres Jüngsten Gerichts ist gekommen, und je nachdem, was sie erreicht hat, wird sie die Welt der Vollkommenen, das Paradies oder die Hölle verdient haben.

Jeder Mensch hat ohne Ausnahme die Pflicht, sich im Rahmen seiner Auffassungsgabe und der Möglichkeiten, die ihm mit seinem Umfeld gegeben sind, zu bemühen, die göttlichen Gebote genau zu kennen und in die Praxis umzusetzen. Keine Ausflüchte, keine Entschuldigungen werden akzeptiert, und jeder wird gemäß seinen Fähigkeiten und Möglichkeiten als verantwortlich angesehen. Außerdem müssen wir wissen, daß die Seelen, die »Selbste«, nach den göttlichen Gesetzen beurteilt werden und nicht nach Gesetzen, die sich die Menschen vorstellen, selbst wenn diese Gesetze weit verbreitet und allgemein anerkannt sind.

8. Das göttliche Wissen

Gott hat das Universum erschaffen, um Seine Gnade zu verbreiten. Seine Gnade und Seine Güte stehen vor all Seinen anderen zahllosen Eigenschaften. Wenn Er Wesen gleich welchen Ranges erschafft, tut Er dies nicht aus Notwendigkeit oder weil Er es braucht, sondern einzig und allein aus Seiner Gnade und Seiner Güte heraus. Alle Geschöpfe waren im Nichts, und Er hat ihnen Existenz verliehen.

Für die Geschöpfe ist die Existenz eine unerschöpfliche Quelle des Glücks. Sogar ein Regenwurm weiß, daß er existiert, und das bloße Fühlen seiner Existenz macht ihn vollkommen glücklich. Wie jedes Wesen der Schöpfung ist er mit seinem bloßen Sein zufrieden und lebt in einer permanenten Euphorie. Dieses Gefühl ist allen Wesen bis zum Menschen gemeinsam und verläßt sie nicht.

Doch der Fall des Menschen ist anders: Er besitzt eine engelhafte Seele, Trägerin des **göttlichen Intellekts,** der ihm die Fähigkeit gibt, zwischen Gut und Böse zu unterscheiden, sowie den Willen und die Möglichkeit, soweit zu kommen, sich nicht nur seiner Existenz, sondern auch all der Wohltaten, die Gott ihm gewährt hat, vollkommen zu erfreuen.

Er hat uns die Existenz gegeben, damit wir das Wissen und das volle Bewußtsein über all das erlangen, was Er im Universum erschaffen hat. Wir können erst dann völlig glücklich sein, wenn wir alles, was existiert, fühlen und kennen. Dieses Wissen ist vor allem ein Wissen der engelhaften Seele, und um es zu erlangen, muß man das Selbst vervollkommnen.

Man kann den spirituellen Vervollkommnungsprozeß mit der

Situation eines Neugeborenen vergleichen: Es ist unbewußt, und wenn es bei guter Gesundheit ist, lebt es im Zustand der Euphorie. Dann entwickeln sich seine physischen und geistigen Fähigkeiten. Doch bevor sie nicht zur Reife gelangt sind, kann es sich nicht voll des Lebens und der irdischen Wohltaten bewußt werden und sich ihrer erfreuen. In gleicher Weise haben die spirituellen Sinne und der spirituelle Intellekt des Menschen das Potential, zu wachsen und sich zu entwickeln. Indem er eine menschliche Hülle annimmt und hier auf Erden wie ein eifriger Student dem Weg und der göttlichen »Universität« folgt, setzt der Mensch den Entwicklungsprozeß seiner spirituellen Sinne und seines göttlichen Intellekts in Gang.

Je weiter wir auf diesem Weg kommen, desto umfangreicher ist das Wissen, und je mehr wir wissen, desto glücklicher sind wir. Das absolute Glück ist die Folge des absoluten Wissens, und das absolute Wissen hängt von der Vollkommenheit der Seele, des Selbst, ab. Dieses absolute Wissen entspricht in Wirklichkeit dem jeweiligen spirituellen Rang eines jeden.

Die Erkenntnisse, die uns zum ewigen Glück führen, sind im Prinzip endgültig und für ewig erworben, denn es ist die Seele, die sie sich angeeignet hat, und die Seele ist ewig. Nach dem Tode lassen wir alle Formen von Wissen, die uns in der materiellen Welt dienlich sind, hinter uns. Das einzige, was wirklich zum Menschen gehört, sind seine Taten. Doch das Wissen und die Erkenntnisse, die im Zusammenhang mit den göttlichen Rechten und Pflichten stehen, die für den Weg notwendig sind, begleiten uns auf ewig.

Es muß ganz klar verstanden werden, daß jemand, der das göttliche Wissen besitzt, damit implizit auch das materielle Wissen hat; das wahre Wissen ist das, das zur Erkenntnis Gottes führt.

Für alle Geschöpfe, die dem Menschen untergeordnet sind, ist allein die Tatsache zu existieren ein Grund zur Freude. Der

Mensch dagegen hat zudem noch die Fähigkeit erhalten, sich das Wissen um die Schöpfung anzueignen, vorausgesetzt, er arbeitet auf die Vervollkommnung hin. Diese Möglichkeit der Vollkommenheit ist die größte aller Segnungen, denn das vollkommene Glück kann nur von einem vollkommenen Wesen empfunden werden. Wir sind rein, doch unreif erschaffen worden, und wir müssen die Vollkommenheit (die Reife) selbst erwerben. Gott läßt uns Seine Segnungen nur nach und nach zukommen, und wir müssen uns darum bemühen, sie zu erhalten. Würde diese Gnade von Anfang an gewährt, wäre dies gegen die Gesetze der Kausalität: Wenn wir uns nicht anstrengen müßten, etwas aus eigener Kraft zu gewinnen, könnten wir uns über das Ergebnis weder in vollem Umfang freuen, noch es wirklich verstehen. Das ist das Gesetz der Schöpfung. Wenn zum Beispiel alle Schüler in einer Schule ihr Diplom aufgrund ihrer bloßen Anwesenheit erhielten, hätte dieses überhaupt keine Bedeutung, keinen Sinn, keinen Wert, und sie empfänden keine Freude daran. Wir können uns nur vervollkommnen, wenn wir kämpfen und Gegensätze überwinden müssen. Wir sind erst vollkommen, wenn wir den Weg durchlaufen haben, der zur Vollkommenheit führt, und alles, was es in der Schöpfung gibt, verstanden haben. Wir können Gott nicht nahe sein, wenn wir das Unglück, die Sünde ignorieren, wenn wir die Geschöpfe weder »fühlen« noch wirklich kennen, und um sie zu kennen, müssen wir direkten Kontakt mit ihnen gehabt haben. Oder kann denn ein Kind, das in eine reiche Familie hineingeboren wurde und das im Überfluß groß geworden ist, ohne jemals Hunger, Armut, Not kennengelernt zu haben, seinen Reichtum wirklich schätzen und verstehen, was das ist? Nein, denn man kann sich des Reichtums erst dann richtig erfreuen, wenn man die Armut kennengelernt hat. Wir müssen uns daher anstrengen, um wirklich zu begreifen und zu würdigen, was wir bekommen – und das trifft auf alle Dinge zu. Darum ist der

Weg der Vollkommenheit lang und schwierig, doch außerordentlich anregend und motivierend für den, dessen Seele gesund ist und der verstanden hat, was das Ziel und der Einsatz dafür ist.

Ein vollkommener Mensch zu sein, bedeutet somit, das ganze Universum zu kennen. Folglich hat Gott im Menschen das ganze Universum im Kleinen nachgebildet: Alle Kräfte der Schöpfung sind in ihm. Die engelhafte Seele erfüllt den Menschen, wie Gott das Universum erfüllt. Wir müssen daher uns selbst kennen, um das Universum zu kennen, und indem wir uns selbst kennen, erkennen wir Gott.

9. Die Seele, der Körper und das Selbst

In jedem von uns existieren zwei einander entgegengesetzte Kräfte: auf der einen Seite eine spirituelle Kraft, durch die sich die Seele ausdrückt, und auf der anderen Seite die Kraft des »menschlichen Tieres«, durch die sich die basharische Seele ausdrückt. Diese Seele besitzt zwei Komponenten: eine nützliche zur Erhaltung des Lebens (essen, schlafen usw.) und eine schädliche, das »dominierende Selbst« oder die **Nafs**[1]. Die Kräfte des dominierenden Selbst und der engelhaften Seele sind die beiden Pole, negativ und positiv, in jedem von uns. Ohne den Kontakt, ohne die Reibung zwischen Stein und Eisen würden keine Funken sprühen; ohne die Verbindung von Gegensätzen erhielte man kein Ergebnis; ohne Dunkelheit wüßte man nicht, was Licht ist. Ohne die engelhafte Seele hat der Körper nur eine tierische Existenz und ist von keinem wirklichen Nutzen, und ohne den Körper kann die Seele sich nicht vervollkommnen. Jede Welt hat ihre eigenen Gesetze: In der sinnlichen Welt benötigt die engelhafte Seele eine materielle Hülle, die ihr als Kommunikationsmittel dient und ihr die Möglichkeit gibt, sich zu entwickeln und weiterzukommen.

Diese beiden Kräfte sind leicht zu erkennen. Wenn wir etwas Böses tun, schämen wir uns, machen uns Vorwürfe. Wenn wir etwas Gutes tun, empfinden wir dagegen eine innere Freude. Das sind die Einflüsse der engelhaften Seele auf uns. Die engelhafte Seele teilt sich uns auf drei Arten mit: über das **Gewissen,** die **Intuition** und die **Gewißheit,** richtig gehandelt zu haben.

Wenn wir zum Beispiel eine schlechte Tat begangen haben,

spüren wir so etwas wie Gewissensbisse; das ist die Stimme unseres Gewissens. Wenn wir das Gefühl haben, wir sollten in einer ganz bestimmten Weise handeln, um das Richtige zu tun, dann ist das unsere Intuition. Und schließlich, wenn wir etwas Gutes tun (aus einer ethischen oder spirituellen Absicht heraus), empfinden wir eine starke innere Freude, die uns bestätigt, daß unsere Handlung gut ist; das ist die Gewißheit, daß wir richtig gehandelt haben.

Die basharische Seele treibt den Menschen dazu an, zu essen, sich zu paaren, in Zorn zu geraten, das Beste für sich in Anspruch zu nehmen, sich nicht um andere zu kümmern usw. Alle charakteristischen Züge der Tiere finden sich im Menschen wieder, denn von seinen physischen Bedürfnissen her gesehen unterscheidet sich der Mensch nicht von ihnen. Der wirkliche Unterschied zwischen Mensch und Tier liegt in der engelhaften Seele. Die engelhafte Seele bildet zusammen mit den Prägungen der basharischen Seele das »Selbst«. Das Selbst wird entweder vom irdischen Intellekt geleitet oder vom göttlichen Intellekt, dessen Wurzel die engelhafte Seele ist. Wenn der Mensch dem spirituellen Weg folgt, entwickelt sich sein göttlicher Intellekt, und seine Aufgabe besteht darin, das Gleichgewicht zwischen der Seele und dem Körper, dem Leben hier unten und dem im Jenseits, herzustellen. Läßt der Mensch sich aber von seinen nafsischen Wünschen dominieren, dann entwickelt sich sein irdischer Intellekt. Der Verstand kann also dem dominierenden Selbst oder der engelhaften Seele dienen, da diese beiden Kräfte in uns in einem permanenten Widerstreit stehen. Wenn wir zulassen, daß das dominierende Selbst uns beherrscht, nutzt es unseren Verstand für seine Interessen. Das führt schließlich dazu, daß wir wie ein intelligentes, gefährliches Tier agieren, uns ohne Gewissensbisse alles erlauben, was die religiösen, moralischen und sozialen Gesetze untersagen, und alles, was mit Gott zusammenhängt, in Abrede stellen. Dagegen benehmen wir uns, wenn die engelhafte Seele die Nafs beherrscht, wie ein Mensch, der Glauben hat: würdevoll, freundlich, großzügig, aufrichtig.

Es ist wichtig, den göttlichen Intellekt zu entwickeln und das dominierende Selbst unter die Kontrolle der engelhaften Seele zu bringen. Aber es ist falsch, zu glauben, man müsse die Nafs darum völlig unterdrücken. Das dominierende Selbst ist wie Gift: toxisch, wenn man es überdosiert, doch heilend und unentbehrlich, wenn man es in kleinen Dosen verabreicht. Manche Asketen schwächen ihre basharische Seele stark durch Fasten und übermäßige Kasteiungen. Das ist, als würde man einem Pferd die Nahrung vorenthalten, so daß es schließlich nicht einmal mehr die Kraft hat, zu laufen und seinen Herrn zu tragen. Es stimmt, daß solche Asketen gewisse übernatürliche Kräfte erlangen, Visionen haben usw. Doch ihre Seele entwickelt sich dabei nicht weiter, und das Ganze nützt ihnen praktisch nichts. Der Körper ist wie ein Reittier für die Seele; es braucht manchmal ein starkes und folgsames Tier, um den Weg zu durchlaufen. Der göttliche Intellekt, der der engelhaften Seele dient, berücksichtigt den Zustand des Körpers (der basharischen Seele) und versieht ihn mit allem, was er braucht, damit er seine Rolle erfüllen kann. Was die Religion der Propheten nicht untersagt hat, kann man der Nafs zugestehen, vorausgesetzt, das rechte Maß wird eingehalten. Denn die Vollkommenheit aller Dinge ist das rechte Maß. Wir müssen uns bemühen, das Gleichgewicht zwischen der engelhaften Seele und der basharischen Seele zu halten. Wenn der Körper kein unbezwingbares Verlangen nach bestimmten erlaubten Dingen hat, kann er auch ohne sie auskommen. Doch handelt es sich um ein dringendes vitales Bedürfnis, wäre es schädlich, es unterdrücken zu wollen.

Die Beziehung zwischen der engelhaften Seele und dem Körper

Die göttliche ESSENZ durchdringt die gesamte Schöpfung: Ihre Ausdehnung ist grenzenlos und ihre Vollkommenheit absolut. Die engelhafte Seele bezieht sich für immer und ewig auf den einen Punkt, der göttlichen Ursprungs ist. Von diesem primordialen Punkt aus entfaltet sich die Seele entsprechend dem Grad ihrer Vervollkommnung.

Die Seele ist nicht gänzlich im Körper, und ihre Ausdehnung wird vom Körper nicht beschränkt. Während sie in Verbindung mit ihrem göttlichen Ursprung steht, ist sie gleichzeitig auch mit dem Körper verbunden und gibt ihm das Leben, wie ein Magnet, der seine magnetische Kraft auf ein Stück Eisen überträgt. Die engelhafte Seele gibt dem Menschen alles, was ihn vom Tier unterscheidet, vor allem das Bewußtsein, diese einmalige Gabe der Unterscheidung, die alle Gedanken und Eindrücke ordnet. Der Körper ist der Boden, auf dem die Seele ihre Erfahrungen machen kann, und wir werden uns der ganzen Ausdehnung und Weite unserer Seele erst bewußt, wenn wir uns der Vollkommenheit nähern. Dank ihrer permanenten Verbindung mit ihrem göttlichen Ursprung kann die Seele sich zum Beispiel im Himmel bewegen, ohne daß wir uns dessen bewußt werden.

Die engelhafte Seele ist in ihrem ursprünglichen Zustand rein, und diese Reinheit ist die unbedingt notwendige Basis für die Arbeit an der Vervollkommnung. Wenn wir die Gottheit mit einem unendlichen Ozean vergleichen, dann ist die engelhafte Seele eine mehr oder weniger große Ansammlung reinen destillierten Wassers. Sie hat nicht die Zusammensetzung wie der göttliche Ozean, doch ist ihr die Möglichkeit gegeben, die »Eigenschaften« dieses göttlichen Ozeans durch ihre Aufenthalte in aufeinanderfolgenden menschlichen Leben zu erwerben. Die wichtigsten Elemente dieser »Eigenschaften« sind im Übermaß im menschlichen Körper vorhanden. Die Arbeit der Vervollkommnung besteht darin, die Elemente mit seelisch-geistigen Merkmalen in der gewünschten Dosis vom »menschlichen Tier« in die engelhafte Seele zu bringen, um ihr die mit dem Ozean identische Beschaffenheit zu verleihen. Auf diese Weise geschieht es, daß die Seele wirklich zu einem Tropfen Wasser dieses Ozeans wird und zu ihrem Ursprung zurückkehrt.

All das geschieht, als würde man einen osmotischen Prozeß zwischen dem Körper und der Seele herstellen, die durch eine durchlässige selektive Membran voneinander getrennt sind. Der Körper ist das Gefäß für das dominierende Selbst und die engelhafte Seele; die Seele ist mit dem Körper verbunden und erhält ihn am Leben. Als Austausch findet die Seele im Körper die Elemente, die ihr fehlen. Die basharische Seele setzt sich aus konzentrierten und dunklen Substanzen zusammen, die ihr, wenn sie sich im richtigen Verhältnis im reinen Wasser der engelhaften Seele auflösen, die Eigenschaften des göttlichen Ozeans verleihen. Erreicht eines dieser Elemente der basharischen Seele eine gewisse Grenze, dringt es übermäßig in die engelhafte Seele ein und beeinflußt sie damit negativ. Wir selbst sind es, die mit unseren Absichten und mit unseren Taten Einfluß auf die Selektivität dieser Membran ausüben, doch ist die genaue Regulierung dieses subtilen Prozesses so heikel, daß sie der Hilfe und direkten und ständigen Überwachung eines echten spirituellen Meisters bedarf, der die Substanzen und die für jeden notwendige Dosierung kennt. Ein solcher Meister erzieht uns und zeigt uns die Punkte, auf die wir unsere Aufmerksamkeit lenken sollten. Ohne seine direkte Hilfe entzieht sich das Funktionieren der Membran der Kontrolle der engelhaften Seele und gerät in die Abhängigkeit der basharischen Seele. Diese Substanzen sind die natürlichen Instinkte, die Triebe des dominierenden Selbst und auch all unsere Gedanken, Eindrücke und Empfindungen. In zu hoher Konzentration verdunkeln und verunreinigen sie die engelhafte Seele; doch in der richtigen Dosis verleihen sie ihr ein vollkommenes Wesen, ohne dabei ihre Transparenz zu beeinträchtigen.

Die dem Menschen eigenen Eigenschaften und Instinkte sind Schöpfungen Gottes; sie sind daher an und für sich von Nutzen, vorausgesetzt, sie werden in der richtigen Weise eingesetzt. Der vollkommene Zustand einer Eigenschaft hängt stets von der richtigen Ausgewogenheit ab. Zum Beispiel ist die Würde eine notwendige Tugend für die engelhafte Seele; doch im Übermaß artet sie in Stolz aus, und in ungenügender Menge schlägt sie in Niedertracht und Selbstverachtung um. Genauso stellt der Mut zwischen der Aggressivität und der völligen Passivität die unerläßliche Eigenschaft für die Erhaltung des Lebens dar.

Wenn das Gleichgewicht erreicht ist, fallen alle im Übermaß vorhandenen Substanzen aus und setzen sich ab, und der Mensch kann nun seine Seele betrachten und erkennen. Er selbst wird transparent wie seine engelhafte Seele, und das Ausmaß seiner Vision von der spirituellen Welt hängt einzig von seiner Aufnahmefähigkeit ab. Sind dagegen die Substanzen in ihm im Ungleichgewicht, bleibt wegen ihrer Undurchsichtigkeit seine Seele vor ihm verborgen, und er weiß weder, wer er ist, noch, was er tun muß oder warum er existiert.

Erinnern wir uns daran, daß die engelhafte Seele ein Stück der göttlichen Essenz besitzt, die ihr in der gleichen Weise wie die Seele dem Körper das Leben verleiht. Wenn es der engelhaften Seele gelungen ist, alle nötigen Substanzen im richtigen Maße zu erlangen, muß sie nicht mehr länger mit einem menschlichen Körper in Verbindung gebracht werden, sie hat die Eigenschaften des göttlichen Ozeans erworben und verliert sich in ihm. Wenn sie die Substanzen aber nur teilweise erlangt oder aber dunkel wird, ist sie nicht mehr würdig, zu Gott zu kommen, und bleibt entweder im Paradies oder in der ewigen Hölle. Und schließlich gibt es noch die Fälle, in denen das Gewicht der Sünden derart schwer wiegt, daß die Seele riskiert, ihren göttlichen Teil zu verlieren.

10. Die Seelen

Die verschiedenen Gruppen der Seelen
Am Anfang der Welt sind die **lichten, feurigen** und **dunklen Seelen** erschaffen worden. Dann kam die **engelhafte Seele** des Menschen, die aus dem Odem der göttlichen SEELE hervorging; ihre Erschaffung ist fortdauernd. Es gibt auch eine kleine Anzahl von »Seelen«, die über allen anderen stehen: die Erlöser[1].

Auf den Planeten dienen verschiedene Wesen der Unterstützung der lichten, feurigen und dunklen Seelen. Wenn ihr Zyklus erst einmal innerhalb ihrer eigenen Art abgeschlossen ist, müssen diese Seelen zu der Stufe der Art übergehen, der das höchste Geschöpf ihres Planeten angehört. Dieses variiert entsprechend den Gattungen auf diesem Planeten. Das höchste Geschöpf unseres Planeten Erde ist der Mensch, der in sich die drei Kategorien der Seele vereint.

Bestimmte wilde und schädliche Tiere dienen den dunklen Seelen zur Unterstützung, während den lichten Seelen die gutmütigen, freundlichen und nützlichen Tiere zur Unterstützung dienen. Tiere verschiedenster Art, die zwischen diese beiden Gruppen fallen, sind feuriger Natur. Das gleiche trifft auf die Menschen zu. Wenn auch die Beschaffenheit des Menschen komplexer ist, so können die dominierenden Eigenschaften seines Wesens (licht, feurig oder dunkel) doch herausgelesen werden. Dennoch spielen hier Faktoren wie Milieu, persönliche Anstrengungen und Erziehung ebenfalls eine Rolle.

Wenn ein Mensch, dessen basharische Seele hauptsächlich dunkler Beschaffenheit ist, auf den rechten Weg geführt wird und die notwendigen Anstrengungen unternimmt, kann er seine Seele zum Lichten wandeln. Und umgekehrt, wenn ein Mensch, dessen basharische Seele überwiegend licht ist, Sklave der Wünsche seines dominierenden Selbst wird und der Nachlässigkeit anheimfällt, kann seine Seele in einen feurigen oder dunklen Zustand zurückfallen.

Wenn der Zyklus des Kommens und Gehens der menschlichen Seele abgeschlossen ist, wenn es die lichte Natur ist, die dominiert, gelangt die Seele an einen lichten Ort; sie kann das Licht und die göttliche Stimme sehen und hören. Das löst in ihr eine Ekstase und ein Glücksgefühl aus, das jedes Paradies übertrifft. Doch wenn der Mensch sich in das Feurige oder Dunkle verwandelt hat, kommt er an einen Ort, der ihm entspricht und an dem er Gott weder sehen noch hören kann. Es gibt kein größeres Unglück. Das Verlangen, das er nach dem Zustand des Lichten verspürt, ist mit dem Zustand eines verdurstenden Menschen vergleichbar; das Wasser ist in Reichweite, aber er kann es nicht erreichen.

Die unterschiedlichen Kapazitäten der Seelen

Nach ihrer Erschaffung werden unsere engelhaften Seelen in die spirituellen irdischen Schulen geschickt, um sich zu vervollkommnen. Einige arbeiten hart, kommen voran und schaffen die einzelnen Stufen, während andere den Versuchungen dieser Welt erliegen und nur daran denken, wie sie sich amüsieren können.

Jeder hat genau die gleichen Möglichkeiten, das Ziel zu erreichen, doch haben nicht alle engelhaften Seelen die gleiche Kapazität. Wenn wir sie mit Gefäßen vergleichen, haben einige die Kapazität, einen Tropfen Wasser zu fassen, andere einen Liter, wieder andere zehn Kubikmeter; manche Seelen schließlich können ein ganzes Meer und mehr fassen. Diese Unterschiede sind nicht übertrieben und entsprechen den spirituellen Wirklichkeiten. Wir erreichen die Vollkommenheit, wenn wir wie ein Gefäß bis zum Rand gefüllt sind und nichts mehr fassen können. Dennoch ist es den engelhaften Seelen noch möglich, ihre Kapazität zu erhöhen.

Doch wäre es nicht richtig, wenn einige engelhafte Seelen mehr als andere in der Lage wären, sich Gott bloß aufgrund ihrer größeren Kapazität zu nähern. Darum hat Gott in Seiner Gerechtigkeit das Gewicht der engelhaften Seele mit dem Gewicht der basharischen Seele, der **Nafs,** ausgeglichen. Deshalb steht für alle am Anfang die Macht des dominierenden Selbst im Verhältnis zur spirituellen Kapazität der engelhaften Seele, und folglich ist am Anfang das Ringen um die Vollendung für alle gleich. Ganz gleich, wie groß ihre Kapazität auch sein mag, die vollkommen Seelen empfinden alle den gleichen Zustand der Ganzheit und Fülle und des absoluten Glücks und wünschen sich nichts weiter, als in diesem Zustand zu bleiben. Selbst die geringste unter ihnen steht höher als alle Wesen der Schöpfung, die im Paradies, in der Hölle oder anderswo sind. Ob die Seele nun ein Tropfen Wasser oder ein ganzes Meer ist, sie ist von gleicher Qualität, denn sie ist ein Teil des göttlichen Ozeans.

Die vollkommene Harmonie der Schöpfung verlangt einen Unterschied in der spirituellen Kapazität der Wesen. Darin liegt keine Ungerechtigkeit, denn am Ende ihres Weges empfinden sie alle den gleichen Zustand des Glücks und der Fülle.

11. Der Teufel und das Böse

Die Essenz Gottes ist derart beschaffen, daß das Böse in Ihm keinen Platz hat. Er erschafft nichts Böses. Das Böse ist eine Komplikation, die von verantwortlichen Wesen wie dem Menschen verursacht wurde.

Gott ist der beste Lehrmeister für seine Geschöpfe. Er ist ständig dabei, sie direkt oder indirekt durch Seine Gesandten zu unterweisen. Eine Seiner Methoden ist die »theatralische« Form. Es handelt sich dabei um ein echtes Theater: Er schafft Szenarien und realisiert sie. Das Szenario des Teufels war das folgende.

Die Geschichte des Satans

Aufgrund des ursprünglichen Vertrages, der mit den GEFÄHR-TEN[1] vereinbart wurde, schuf Gott den Menschen aus einer Mischung aus schwarzem Schlamm und goldgelbem Lehm. Er blies ihm den Odem Seiner Seele ein, Träger des göttlichen Teils, und lehrte ihn die »NAMEN«. Dann befahl er allen Engeln, sich anbetend niederzuwerfen. Alle gehorchten, außer Azazil. Blind durch seinen Stolz und seine Selbstgefälligkeit sah er den göttlichen Teil nicht und erklärte: »Ich bin aus dem Feuer erschaffen und er aus schwarzem Schlamm, wie sollte sich das Feuer, das höher steht, vor dem schwarzen Schlamm anbetend niederwerfen?« Gott sagte: »Höher ist der, der mir gehorcht.«

Der Ungehorsam Azazils zog den göttlichen Zorn auf sich. Er wurde aus dem Himmel gejagt, auf die Erde hinabgestürzt und SATAN genannt (der »Rebell« und der »Verirrte«). Sein Herz füllte sich den Menschen gegenüber mit Haß. Er berief sich auf

66

Gottes Gerechtigkeit und forderte die Gegenleistung für seine früheren Gebete. Gott sagte: »Ich gebe dir eine materielle Entlohnung, aber du wirst keine spirituelle Entlohnung haben.« Azazil stellte seine Forderung wie folgt: »Ich will die Menschen beherrschen, sie alle irreleiten und in die Hölle führen; ich will der Herrscher über die materiellen Schätze und das materielle Glück sein; ich will, daß meinesgleichen sich wie die Menschen vermehrt.« Gott antwortete: »Ich stimme allem zu, aber du wirst keinerlei Macht über die haben, die einen festen Glauben an mich haben; im Gegenteil, sie sind es, die die Herrschaft über dich und deinesgleichen haben werden. Und unter deinen Opfern werde ich denen vergeben, die bereuen und Buße tun.«

Als Folge davon gibt es eine Gruppe von Djinns, die gottlos, rebellisch und menschenfeindlich sind; sie säen den Samen des Bösen in den Geist des Menschen und ignorieren die göttlichen Gebote. Obwohl sie für die Augen der Menschen nicht sichtbar sind, bilden sie eine potentielle Kraft des Bösen, können aber nur mit der Einwilligung Gottes agieren und wenn sie einen Riß im menschlichen Glauben finden. Sie sind mit den unzähligen saprophytischen Stoffen vergleichbar, die in Verbindung mit dem menschlichen Körper leben, jedoch nur pathogen werden, wenn es eine Schwäche in der Immunabwehr des Körpers gibt.

Gott schuf dieses »echte Szenario«, um den Menschen die folgenden Punkte zu verdeutlichen:

Auf der Ebene des Menschen wird die Rolle Gottes von der engelhaften Seele mit Seinem göttlichen Teil eingenommen, während Azazil oder Satan nichts anderes ist als das dominierende Selbst der basharischen Seele. Das dominierende Selbst hat instinktiv das gleiche Verhalten wie Azazil oder seinesgleichen (im Unterschied zu Azazil jedoch trägt es keinerlei Verantwortung, und am Tage des Gerichts ist es die engelhafte Seele, die zur Verantwortung gezogen wird). Wenn es der engelhaften Seele nicht gelingt, es zu beherrschen, wird es von der Kraft der Teufel und der »Teufels-Menschen«[2] bestärkt. Doch wenn die engelhafte Seele gegen das dominierende Selbst kämpft, wird sie von der göttlichen Kraft unterstützt. Darum hat Satan keinen Einfluß auf die, die einen festen Glauben haben. Das bedeutet, daß ein fester Glaube die göttliche Kraft anzieht und durch sie bestärkt wird.

Jeder Mensch verfügt über die Möglichkeit, sich in eine lichte, feurige oder dunkle Seele zu verwandeln. Die dunklen, teuflischen Menschen, die »Teufels-Menschen«, tragen in sich die gleichen charakteristischen Eigenschaften wie Azazil und benehmen sich wie er. Ihr Merkmal ist, daß sie keine »Gottesfurcht« haben, daß sie genau das Gegenteil von dem, was wahr ist, für wahr halten und sich dem Haß gegen göttliche Menschen und wahrhaft Gläubige verschreiben. Ihre Existenz erzeugt eine negative Welle, die die Seele der Schwachen vergiftet (doch keinen Einfluß auf die hat, die festen und reinen Glaubens sind).

Die »göttlichen Menschen« betragen sich wie echte Diener Gottes. Sie sind freundlich und wohlwollend anderen gegenüber und befolgen das »Gesetz«. Ihre Worte, ihr Verhalten und ihre bloße Gegenwart setzen um sie herum eine positive Kraft frei, die sich in der Göttlichen Liebe, in Wohltätigkeit und materiellem und spirituellem Überfluß äußert. Sie sind in jeder Hinsicht das Gegenteil von Satan. Sie sind der schützende Halt ihrer Gesellschaft; ohne sie würde der göttliche ZORN, der durch die schlechten Taten der Menschen hervorgerufen wird, uns alle vernichten. Das ist uns in der Geschichte von Loth vor Augen geführt worden: Solange sich Loth in Sodom und Gomorrha befand, gab Gott nicht den Befehl zur Vernichtung ihrer Bevölkerung.

Was ist das Böse?

Die Definition des Bösen ist für jedes Geschöpf anders. Für uns ist das Böse alles, was den Menschen von dem Weg abweichen läßt, der ihn zu Gott, dem Einzigen, führt, oder was ihm den Weg versperrt. Zum Beispiel sind die dunklen Kräfte, die sich unserer engelhaften Seele entgegenstellen, die Kräfte des Bösen. Doch aus der Sicht der dunklen Kräfte sind es die göttlichen Kräfte und die engelhafte Seele, die die negativen Kräfte darstellen. Die Ungläubigen, die Materialisten, die Irregeleiteten, die Ignoranten haben eine Sichtweise vom Bösen, die von den uns übermittelten göttlichen Lehren abweicht. Jedenfalls sind die Teufel und die teuflische Kraft schlecht für uns, wenn sie uns dominieren, doch sind sie nicht schlecht an sich. Denn ohne diese Kräfte gäbe es keinen Kampf und ohne Kampf keine Vervollkommnung, weder für uns noch für sie. Sie sind wie bestimmte Gifte, die an sich nicht schlecht sind und die sogar von äußerstem Nutzen sein können, die aber eine verheerende Wirkung zeigen, wenn sie nicht richtig gebraucht werden.

Das Böse ist keine Schöpfung. Es ist eine Komplikation, hervorgerufen durch das Abweichen (vom rechten Weg) der verantwortlichen Wesen. Zum Beispiel hatte Azazil durch seine Gebete die Möglichkeit und Fähigkeit erworben, sein Wesen zu ändern und licht zu werden. Doch dazu mußte er sich einer Prüfung unterziehen, denn erst durch Prüfungen erscheint das wahre Wesen, die Quintessenz eines jeden im vollen Licht. Gott in Seiner Gnade stellte ihm Adam vor. Hätte Azazil gehorcht, hätte er seine Prüfung bestanden und wäre gerettet gewesen. Wenn es den Satan nicht gegeben hätte, wäre Adam nicht auf die Erde hinabgestiegen und hätte nicht die Möglichkeit gehabt, sich zu entwickeln, zu reifen und sich zu vervollkommnen. Ohne Gegensätze kann man zu keinem Ergebnis kommen. Ohne die Berührung mit dem basharischen Selbst kann die engelhafte Seele sich nicht die Elemente aneignen, die sie für ihre spiriutelle Entwicklung braucht. Um sich entwickeln zu können, um Reife und das volle Bewußtsein zu erlangen, ist es nötig, daß die engelhafte Seele eine menschliche Hülle annimmt und daraus die Elemente oder Eigenschaften bezieht, die ihr fehlen.

Die Seele wird sich der Bedeutung der Dinge nur durch die Phänomene und die Gegensätze bewußt. Solange die engelhafte Seele nicht die irdische menschliche Hülle annimmt, wird sie sich der Spiritualität nicht bewußt werden; wenn sie nicht mit Unglück in Berührung kommt, wird sie nicht wissen, was Glück ist; wenn sie nicht kennengelernt hat, was Lüge, was Grausamkeit ist, wird sie nicht wissen, was Aufrichtigkeit, was Barmherzigkeit heißt usw.

Geschichte von der Erschaffung des Universums[1]

Gott war. Es ist sein Wille, der die Ursache aller Wesen und aller Wirklichkeiten war. Er schuf die QUIDDITÄT, oder das ursprüngliche SUBSTRAT, das mit nichts verglichen werden kann. Er war wie das Wasser, doch es war kein Wasser. Er war mit einer Nicht-Farbe angetan und war in ständiger Bewegung in diesem spirituellen Raum von Licht. Dieses QUIDDITÄTS-SUBSTRAT war der Widerschein der QUIDDITÄT:

»Oh, S[2], berufe dich auf deinen Ursprung und erkenne deinen Gott!« Die Quiddität erbebte bei dieser Stimme und war in höchstem Maße erstaunt und verwirrt. Er dachte bei sich: »Wer bin ich, um S genannt zu werden, und wer ist derjenige, der den Namen Gott hat?« Noch einmal ließ sich die Stimme vernehmen:

»Du bist das Existierende, aus dem die Gesamtheit alles Möglichen hervorgeht. Aus diesem Grunde habe Ich dich S genannt, und Ich, Ich bin der, der dich sein ließ. Denn alle Kraft und alle Macht, wie alles, was in dir ist, kommt von Mir. Deshalb nenne Ich mich Gott.«

– Die Quiddität: »Ich, ich weiß, wer ich bin. Du, wer bist Du, den ich nicht kenne?«

– Die Stimme: »Du bist von Mir, und Ich bin mit dir.«

– Die Quiddität: »Wenn Du mit mir bist, warum sehe ich Dich nicht?«

– Die Stimme: »Solange du dich nicht selbst siehst, wirst du Mich nicht sehen, und solange du dich nicht kennst, wirst du Mich nicht kennen.«

– Die Quiddität: » Wie soll ich mich selbst sehen?«

– Die Stimme: »Entflamme dich im Inneren.«

Die Quiddität entflammte sich und war überwältigt von Entzücken über sich selbst. Als er wieder zu sich kam, war alles, wohin er auch sah, schwarz. Aber in dieser Schwärze, die Finsternis genannt wurde, durchbrach ein Licht wie die Sonne dieses Dunkel. Diese leuchtende Ausstrahlung ging von der Quiddität aus und war das einzige, was in dieser Schwärze erschien. Der ursprüngliche Raum, in dem sich die Quiddität bewegte, war aus Licht. Folglich konnte das Licht nicht im Licht, sondern nur im Gegenpol, im Dunklen, sichtbar werden. Aus diesem Grunde müssen überall und in jeder Situation Licht und Dunkel nebeneinander bestehen. Nachdem die Quiddität sein Bildnis wie ein Funkeln des Lichtes in der Dunkelheit betrachtet hatte, sagte er:

»Oh, Gott, warum aber sehe ich Dich nicht?«

– Die Stimme: »Aus demselben Grunde, aus dem dein eigenes Bild, solange es keine Dunkelheit gab, nicht erscheinen konnte. Du mußt erst über Körperlichkeit[3] verfügen, um Mein Bildnis in dir selbst sehen zu können. Denn die Dunkelheit entspricht der Körperlichkeit, deshalb wird dein Bildnis dort wiedergegeben.«

– Die Quiddität: »Oh, Gott, es geschehe nach Deinem Willen. Wie kann ich die Körperlichkeit finden? Ist das Licht keine Körperlichkeit für mich?«

– Die Stimme: »Dieses Licht ist eine Emanation deines Geistes. Das, was Ich unter Körper verstehe, ist das körperliche Kleid, das sich von dir auf andere übetragen muß[4]. Du mußt dich noch einmal in dir selbst entflammen, damit alles, was nicht du bist, aus dir herausgeht und zu seinem Selbst zurückkehrt. Alles, was außerhalb von dir ist, habe Ich aus Meinem Willen heraus erschaffen und habe es so gemacht, daß du die Ursache davon bist. Und jetzt entflamme dich in dir selbst!«

Die Quiddität entflammte sich auf den ausdrücklichen Befehl Gottes in sich selbst. Plötzlich traf das Geräusch einer Explosion seine Ohren, und etwas wie Rauch, Dampf, Staub und Ruß verdunkelte seine Sicht. Nach einem Augenblick klärte sich die Szene auf, und er sah, daß von der Dunkelheit und der leuchtenden Ausstrahlung, die am Anfang Form angenommen hatten, keine Spur mehr blieb. Und in diesem spirituellen Raum von blauer Farbe, der der seine war, sah er schließlich Sieben Personen in einem Kreis sitzen, davon sechs mit den Attributen eines Mannes und eine mit den Attributen einer Frau. Dann betrachtete er neben seinem unendlichen blauen spirituellen Raum drei weitere unendliche Räume, in denen sich gleichfalls sieben Personen (sechs mit männlichen und eine mit weiblichen Attributen) aufhielten. Jedoch glichen diese Räume sich nicht. Jeder Raum hatte seine eigene Farbe. Der eine war von der Farbe des Feuers, doch war er nicht heiß. Der andere hatte die Farbe des Windes, doch er war nicht aus Wind. Der dritte hatte die Farbe der Erde, grünlich und angenehm, doch hatte er nicht die Beschaffenheit der Erde. In jedem dieser drei unendlichen Räume erschienen unterschiedliche Teilchen, kleine und große, mehr oder weniger glänzend, in Farbe und Art jeweils zu ihrem eigenen Raum passend. Sie waren in ständiger Bewegung und drehten sich umeinander. In diesen drei Räumen hielten sich die Seelen der Gesamtheit aller Geschöpfe auf, und in dem blauen Raum gab es nichts anderes als die Quiddität und die Sieben »Gefährten«.

Außerhalb dieser Räume, die der Ort der Seelen waren, sah die Quiddität unzählige Planeten und Sterne. Jeder Planet war von einer besonderen Farbe und Konfiguration und unterschied sich von den anderen: groß oder klein, hell oder dunkel, kalt oder heiß. Auf jedem Planeten existierten den natürlichen Gegebenheiten entsprechend verschiedene Geschöpfe paarweise als männliche und weibliche Wesen in unterschiedlichen Formen und in der gleichen Gestalt und in dem gleichen Zustand, wie wir sie noch heute vorfinden können. Doch alle diese Wesen hatten Körper ohne Leben und Formen ohne Seele, denn ihre Seelen befanden sich in den drei genannten Räumen, und Gott hatte noch nicht den Befehl gegeben, daß die Seelen in die Körper gehen sollten.

Unter den Geschöpfen eines jeden Planeten gibt es ein nobles und höheres Wesen, das Souveränität und Macht über die anderen besitzt. So kommt es, daß auf der Erde, die einer dieser Planeten ist, der Mensch der Herrscher über alle Geschöpfe ist.

Gott sagte zur Quiddität: »Die Macht, die von dir ausgeht, kommt von Mir; das Bild, das du von dir siehst, ist von Mir, denn es ist Meine Form, die sich in dir hypostasiert hat und dich werden ließ, und du bist der Spiegel Meines Sein, du spiegelst Meine Macht und Meinen Gedanken wider.«

Die Stimme sagte: »Jeder dieser drei spirituellen Räume ist der Ort für eine Zusammenkunft der Sieben Gefährten und unzähligen Teilchen, von denen die eine Hälfte männlich, die andere Hälfte weiblich ist. Diese Räume wurden aus dem ursprünglichen Licht und der Dunkelheit erschaffen, in denen sich dein Strahlen manifestiert hat. Der Raum mit der Farbe des Feuers wurde aus der Dunkelheit erschaffen, der Raum mit der Farbe der Erde aus dem Licht und der Raum mit der Farbe des Windes aus dem Rauch und dem Dampf, die zwischen dem Licht und dem Dunkel erschienen waren. Diese drei Räume sind der Ursprung aller Seelen, sie sind ohne Ende und verschwinden nicht. Die Seelen gehören vier Gruppen an: den Erlösern, den Lichten, den Feurigen und den Dunklen. Die Erlöser sind im blauen Raum, die Lichten im Raum mit der Farbe der Erde, die Feurigen im Raum mit der Farbe des Windes und die Dunklen im Raum mit der Farbe des Feuers. Nachdem Er ihm den Grund aller Geschöpfe erklärt hatte, sagte Gott zur Quiddität:

»Gib ein Zeichen, damit eine jede Seele in den ihr entsprechenden Körper hinabsteigt, die Welt sich zu drehen beginnt und sie sich fortpflanzen.«

Also gab die Quiddität auf Gottes Geheiß hin ein Zeichen, aber die Seelen stiegen nicht in ihre Körper hinab. Gott sagte deshalb:

»Damit die Seelen in den Körper gehen, ist es notwendig, daß dein Bild und das der Sieben Erlöser auf allen Planeten widergespiegelt wird.«

Sobald die Seelen die Bilder der Erlöser sahen, gerieten sie durch ihr Licht in Ekstase und stiegen in die Körper hinab. Die Geschöpfe der Planeten, die ohne Leben waren, nahmen Leben an und vermehrten sich.

Zweiter Teil

12. Determinismus und freier Wille

Die Lösung des Problems von Determinismus und freiem Willen liegt im metaphysischen Bereich, und es ist unmöglich, es nur mit dem Verstand und der Logik der fünf Sinne zu lösen.

Die reinen Deterministen behaupten, daß die Bewegung und die Ruhe, die Gedanken und die Worte, das Verhalten und die Schicksale aller Geschöpfe, ob zum Guten oder Schlechten, mit Gewinn oder mit Verlust, vollkommen vom göttlichen Willen oder der Schicksalsfügung abhängen. Ihnen zufolge spielt der Mensch keine Rolle in seinem Schicksal.

Die Verfechter des radikalen freien Willens lassen alles – im Gegensatz zu den vorher genannten – vom Willen des Geschöpfes abhängen und bringen alles damit in Verbindung. Sie sagen, Gott hat den Menschen erschaffen und ihm den Verstand gegeben und den Willen, zu entscheiden, so daß der Göttliche Wille dabei in seinem Schicksal keinerlei Rolle mehr spielt.

Diejenigen, die die Position der Mitte vertreten, sagen, daß der Mensch so weit für seine Taten verantwortlich ist, wie Gott ihm den Willen zu entscheiden und die Macht und die Freiheit zu handeln gegeben hat, um zwischen Gut und Böse zu unterscheiden, um Gutes zu tun und Schlechtes zu lassen. Doch in einem Augenblick, in dem die Ereignisse sich dem Bereich menschlicher Macht entziehen, liegt das Schicksal des Menschen in den Händen Gottes. Zum Beispiel hat sich jemand große Mühe gegeben, ein solides Haus zu bauen, doch bei einem Erdbeben stürzt es ein: Dieses Ereignis entzieht sich dem Bereich seiner Macht. Ein anderer dagegen bewohnt ein baufälliges Haus und versäumt es, eine dringend notwendige Reparatur vorzunehmen, so daß das Dach einstürzt: Dieser ist für das Unglück, das ihm zustößt, selbst verantwortlich.

Die Theorie vom Determinismus für alle ist falsch. Die Theorie vom freien Willen für alle ist ebenso ein Irrtum. Die Wahrheit liegt dazwischen: Das ist das **Gesetz der Mitte.**

Die Mehrzahl der Menschen engagiert sich nicht aktiv auf dem Weg und untersteht daher dem Gesetz der Mitte. Doch im Laufe seines spirituellen Entwicklungs- und Reifeprozesses muß der Mensch drei wichtige Stufen oder Stadien absolvieren.

Die erste Stufe entspricht dem Stadium der **Selbst-Entsagung.** Man steht unter dem Gesetz der Mitte, das heißt, es herrscht weder absoluter Determinismus noch absolut freier Wille, sondern etwas zwischen diesen beiden. Auf dieser Stufe strengt sich der spirituell Reisende[1] an, seinen Willen dem Göttlichen Willen unterzuordnen. Er hat die folgende Einstellung: Er ist bemüht, daß sein Körper, seine Kleidung, sein Zuhause, seine Arbeit, seine Nahrung, seine Gedanken, seine Worte, sein Verhalten und seine Taten erlaubt, rein, anständig und aufrichtig sind. Er muß sich zwingen, die Gebote zu befolgen und die Verbote zu achten, das heißt, wie ein Diener Gottes Lüge und Sünde zu vermeiden. Im Geiste muß er bestrebt sein, mit der Kraft seines Glaubens und mit Hilfe von Selbstbeeinflussung die Zufriedenheit Gottes zu erreichen. Und indem er seiner Vernunft und seinen materiellen Möglichkeiten entsprechend handelt, ist er gleichzeitig bemüht, mit dem Ergebnis zufrieden zu sein. Dies ist der Zustand des Reisenden, der am Anfang des Weges steht.

Die zweite Stufe entspricht dem Stadium der **Ergebenheit.** Nachdem der spirituell Reisende die Etappe der Selbst-Entsagung hinter sich gelassen hat, tritt er in die Phase der Ergebenheit ein: Er muß sich von Selbstgefälligkeit, Stolz, Eitelkeit, Egoismus und nafsischen Wünschen, dem Aufruhr der Leidenschaften und von sämtlichen sittlich-moralischen Fehlern reinigen. Am Ende dieser Etappe gelangt er schließlich in den Zustand vollkommener Ergebenheit; er will nichts anderes mehr, als Gott Genüge zu tun. Er besitzt keinen Willen und keine selbstsüchtigen Wünsche mehr, die ein Handeln oder Wollen in dem einen oder anderen Sinne bedingen. Das ist das Stadium des absoluten Determinismus. Moses' Verhalten Gott gegenüber ist das beste Beispiel dafür.

Die dritte Stufe ist das Stadium des **absolut freien Willens**. Der spirituell Reisende ist auf einer Stufe angelangt, auf der göttliche Wille sich durch ihn manifestiert. Sein Wille ist der göttliche Wille.

Die Geschöpfe unseres Planeten Erde lassen sich im Hinblick auf das Schicksal somit in vier große Gruppen unterteilen:

Zur ersten Gruppe zählen die Geschöpfe, die ohne Verstand sind und ohne die Fähigkeit, zwischen Gut und Böse zu unterscheiden. Diese Gruppe umfaßt die Mineralien, die Pflanzen, die Tiere, aber auch die Kinder, die noch nicht das verantwortliche Alter erreicht haben, die geistig Behinderten, die Unzurechnungsfähigen usw. Das Schicksal dieser Gruppe wird von Gott vorgezeichnet.

Die zweite Gruppe umfaßt fast die gesamte Menschheit und bestimmte für den Menschen unsichtbare Geister, die mit ihnen in Verbindung leben. Das Schicksal dieser Hauptgruppe wird von dem Gesetz der Mitte regiert.

Die beiden anderen Gruppen werden von der spirituellen Elite gebildet: Einige haben das Stadium des absoluten Determinismus erreicht, und andere sind bis an das Ende des Weges gelangt und haben das Stadium des absolut freien Willens erreicht.

13. Veränderliche und unveränderliche Vorherbestimmung

Das Schicksal aller erschaffenen Wesen fällt unter eine dieser beiden Kategorien: die AUFBEWAHRTE TAFEL und die VERÄNDERLICHE TAFEL.

Die Aufbewahrte Tafel

Die unveränderlichen Schicksale eines jeden Wesens sind schon vor seiner Existenzwerdung auf der Aufbewahrten Tafel verzeichnet. Ein Schicksal dieser Kategorie kann weder geändert, noch ausgetauscht, noch aufgehoben werden. Alles, worauf unser Wille Einfluß nehmen kann, ist außerhalb der Aufbewahrten Tafel, und alles, was außerhalb unseres Willens liegt, ist auf der Aufbewahrten Tafel verzeichnet. Gott allein kennt ihren Inhalt. Manchmal enthüllt Er bestimmten Wesen von sehr hohem spirituellem Rang Teile daraus, doch der Inhalt kann nicht abgeändert werden. Ganz gleich, was wir tun, der göttliche Wille wird sich erfüllen.

Für einige ist der Augenblick des Todes auf dieser Tafel festgelegt, so daß selbst normalerweise tödliche Unfälle sie nicht vorzeitig das Leben kosten. Eines der typischen Zeichen eines Schicksals, das der Aufbewahrten Tafel unterliegt, ist, daß es aus der Norm zu fallen und außergewöhnlich zu sein scheint. Zum Beispiel hat jemand keine besondere Begabung, doch Gott gesteht ihm einen außergewöhnlichen Erfolg zu, oder aber das Gegenteil: Jemand hat alles, um erfolgreich zu sein, scheitert jedoch bei all seinen Unternehmungen. Geschehnisse, die eine bestimmte Gruppe von Personen oder sogar einen Teil der Menschheit betreffen, können auf der Aufbewahrten Tafel eingetragen sein (und unter Umständen gewissen Menschen enthüllt werden) und andere auf der Veränderlichen Tafel.

Die Veränderliche Tafel

Der größte Teil unseres Schicksals ist auf der Veränderlichen Tafel verzeichnet. Die Schicksale dieser Tafel werden laufend festgehalten, können aber durch einen oder mehrere Faktoren verändert werden. Die wichtigsten Faktoren dabei sind unser Wille, unsere Entscheidungen, unsere Absichten und unsere guten und schlechten Taten. Wenn zum Beispiel geschrieben steht, daß wir in einem bestimmten Moment etwas zu unserem materiellen oder moralischen Nachteil erleiden müssen, kann dies durch unsere Taten abgemildert oder abgeändert werden. Wenn wir die Wahl haben, uns entweder anderen Menschen zu widmen oder unserem Vergnügen nachzugehen, und uns entscheiden, nach den göttlichen Gesetzen zu handeln, werden die auf dieser Tafel eingetragenen Strafen gemildert oder sogar ausgelöscht.

Einigen göttlichen Menschen kann der wörtliche Inhalt der Veränderlichen Tafel bekannt sein. Doch diejenigen, die die Zukunft mit Hilfe verschiedener Techniken voraussagen, können nur oberflächlich und auf unzuverlässige Weise wissen, was dort geschrieben steht, da ihr Inhalt geändert werden kann.

Es kommt vor, daß tödliche Unfälle, die in einem veränderlichen Schicksal vorgesehen sind, uns im voraus durch einen Traum, eine Vision oder eine Vorahnung angekündigt werden. Solche Katastrophen können vermieden oder gemildert werden, wenn wir durch Gebete, Almosen oder Opfergaben Gott um Hilfe bitten. Die Almosen oder Opfergaben müssen immer im Namen Gottes gegeben werden, selbst wenn der Nutzen daraus einem Fürsprecher (einem Heiligen oder Propheten) zugute kommt, der ihn dann an die betroffene Person weitergibt. Wenn zum Beispiel ein Christ im Traum sieht, wie ein ihm nahestehender Mensch einen schweren Unfall hat, bringt er Gott ein Opfer, weiht dieses aber Christus oder der Jungfrau Maria und bittet sie, bei Ihm für diesen Menschen einzutreten. Auf diese Weise können wir ein veränderliches Schicksal auslöschen oder wenigstens mildern. Um zu wissen, wie hoch der Wert der Opfergabe sein soll, müssen wir unser Herz befragen: Ist das Opfer unzureichend, bleibt ein gewisses Gefühl der Unruhe in uns. Wir erhöhen seinen Wert dann so lange, bis wir den Eindruck haben, alles Erforderliche getan zu haben, und uns ein wenig beruhigter fühlen. Wenn wir so handeln, können wir sicher sein, daß wir ein positives Ergebnis erhalten. Geht die Sache aber entgegengesetzt aus, dann handelte es sich um Vorherbestimmung, die auf der Aufbewahrten Tafel eingeschrieben ist.

Es gibt sieben Faktoren der Individuation, die sich bei der Schöpfung eines jeden Menschen[1] verbinden und auf seine Veränderliche Tafel eintragen.

Vor dem Eintritt in das verantwortliche Alter sind alle guten Taten des Kindes aufgrund von Gottes Barmherzigkeit auf dieser Tafel eingetragen, doch seine Fehler sind nicht aufgeführt. Mit Eintritt in das verantwortliche Alter nimmt jeder Mensch Einfluß auf das Schicksal, das auf seine Veränderliche Tafel geschrieben wird. Deshalb kann er all die negativen Faktoren neutralisieren, die zu seiner physischen, geistigen und seelischen Konstitution beigetragen haben. Grundsätzlich kann man diese Faktoren durch entsprechende Taten neutralisieren (die Folgen einer falschen Ernährung können beispielsweise durch rituelles Fasten, gesegnete Speisen usw. aufgehoben werden).

Die Stunde des Todes ist, von einigen Ausnahmen abgesehen (dies betrifft bestimmte göttliche Gesandte), auf der Veränderlichen Tafel verzeichnet. Wäre sie unveränderlich, hätte Gott uns nicht die Verantwortung für unsere Gesundheit übertragen. So kann eine bestimmte Ursache zur Verkürzung des Lebens führen, doch die uns gesetzte Lebensdauer können wir nicht überschreiten. Es kommt jedoch in Ausnahmefällen vor, daß das Leben eines guten Menschen verlängert wird, damit er länger Gutes tun kann. Somit bedingen manche guten Taten, daß das Leben eines Menschen verlängert wird, und manche schlechte Taten bedingen, daß sein Leben verlängert oder ganz im Gegenteil verkürzt wird (zum Beispiel durch einen plötzlichen Tod).

Fast das ganze Schicksal eines gewöhnlichen Menschen steht auf der Veränderlichen Tafel geschrieben. Abgesehen von einigen präexistentiellen Schicksalen ist das, was auf der Aufbewahrten Tafel geschrieben ist, die Folge wichtiger Handlungen unserer früheren Leben, die eine besondere Bestrafung oder Belohnung verlangen. Doch auf der Aufbewahrten Tafel der Seelen, die ihrer Vervollkommnung noch nicht sehr nahe gekommen sind, stehen nur wenige Dinge. Je näher man Gott kommt, desto zahlreicher sind die Eintragungen auf der Aufbewahrten Tafel und desto seltener die auf der Veränderlichen Tafel. Das heißt, je näher wir Ihm kommen, desto weniger greift unser eigener Wille ein. Wenn wir vor Gott auf unseren Willen verzichten, müssen wir nicht mehr entscheiden. Wir werden, was Gott will, und was wir tun, ist der Wille Gottes. Damit sind wir vollkommen vorherbestimmt. So war das Schicksal Jesu Christi von seiner Geburt an auf der Aufbewahrten Tafel eingetragen, und er hatte weder die Macht noch das Verlangen, auch nur das Geringste zu ändern.

Gott greift nur zugunsten der wahren Monotheisten ein. Je größer das Gewicht der Sünden ist, desto mehr Handlungsfreiheit läßt Gott dem Menschen. Und schließlich greift Er überhaupt nicht mehr in das Schicksal dieser Person ein und läßt sie in ihre eigene Falle gehen. Gott braucht uns nicht, wir sind es, die Ihn brauchen. Demjenigen, der an Gott oder der anderen Welt zweifelt oder sie beharrlich leugnet, der alles machen will, ohne jemals den göttlichen Willen zu berücksichtigen, gelingt es vielleicht, das zu erreichen, was er sich materiell wünscht. Doch der Augenblick kommt, in dem er mit seinen Fehlern konfrontiert wird. Und dann kann er nur hoffen, daß ihm erlaubt wird, auf die Erde zurückzukehren, um sie wiedergutzumachen, denn zur Stunde des Gerichtes wird er keine Fürsprecher finden.

Daher kann jeder direkten Einfluß auf sein Schicksal nehmen, einmal, weil er das, was auf der Veränderlichen Tafel geschrieben steht, verändern kann, zum anderen, weil die Tafeln als Folge seiner Handlungen geschrieben werden. Am besten wirken wir auf unser Schicksal ein, wenn wir bestrebt sind, die Rechte und Pflichten, die von Gott gesetzt wurden, zu befolgen und einzuhalten und durch unsere Ergebenheit Seine Zufriedenheit in allen Dingen zu gewinnen. Auf diese Weise überantworten wir unser Schicksal in Seine Hände, und Er ist es, der für uns entscheidet.

14. Ergebenheit und Loslösung

Derjenige, der mit dem Weg beginnt, muß unter allen Umständen darum bemüht sein, sein Bestes zu tun. In seinem Handeln und Tun muß er seinen Möglichkeiten entsprechend in Übereinstimmung mit den religiösen, moralischen und bürgerlichen Gesetzen eine Haltung einnehmen, die zwischen Determinismus und freiem Willen liegt. Wenn das Ergebnis nicht dem entspricht, was er erwartet hat, darf er darüber nicht betrübt sein. Vielmehr muß er zu der inneren Überzeugung finden, daß das, was Gott gewollt hat, für ihn das Beste ist.

Wir müssen alles tun, was in unserer Macht steht. Doch der Bereich, der sich unserem Willen entzieht, ist der Bereich unseres Schicksals, in dem Gott agiert. Das Ergebnis ist nicht immer eine direkte Folge unserer Handlungen. Das, was wir unternehmen, ist nur das Mittel, durch das der göttliche Wille wirkt. Es ist ein Fehler zu glauben, Gott agiere ohne unterstützende Mittel. Wenn wir beispielsweise erkranken, müssen wir alles zu unserer Heilung tun. Denn selbst wenn Gott entschieden hat, daß wir gesund werden sollen, wird Sein Wille − von einigen Ausnahmen abgesehen − nicht ohne die entsprechenden materiellen Mittel zur Wirkung kommen. Darum müssen wir Medikamente einnehmen. Alle Kranken tun das gleiche, doch wenn die einen gesunden und die anderen nicht, dann deshalb, weil Gott es so gewollt hat.

Alles, was uns passiert, muß als mehr oder weniger direkte Folge der Handlungen und Absichten unseres gegenwärtigen Lebens oder unserer früheren Leben verstanden werden. Wenn gesagt wird, daß Gott uns bestraft oder belohnt, dann ist dies nur eine Redensart. Gott will nicht direkt eingreifen. Er will auch nicht das Verhalten jedes einzelnen von uns kontrollieren. Doch hat Er uns so erschaffen, daß wir immer das ernten, was wir gesät haben, in dieser Welt wie in der anderen. Wird ein Mensch vollkommen von seinem dominierenden Selbst beherrscht, wiegen die Sünden so schwer, daß der göttliche Wille nicht mehr eingreift, und man läßt ihn ohne unmittelbar nachteilige Konsequenzen seinen Handlungen auf dieser Erde profitieren. Da eine Bestrafung auf Erden nur unzureichend wäre, wird ihm das, was er verdient, für die andere Welt aufgehoben. Denn das Ausmaß körperlicher Leiden und Freuden ist begrenzt, das seelischer jedoch unbegrenzt.

Es kann uns etwas Unerfreuliches zustoßen, das den Sinn hat, die Folgen einer schlechten Tat, die wir begangen haben, zu tilgen, manchmal sogar, ohne daß wir uns dessen bewußt werden. Denn alle Fehler, selbst die ungewollten, werden nach den himmlischen wie nach den irdischen Gesetzen bestraft, auch wenn die göttliche Gnade interveniert. Wenn wir einen festen Glauben haben, aber dennoch Taten begehen, die unserer Seele schaden, dann will Gott nicht, daß die Folgen daraus uns in der anderen Welt belasten, und Er löscht unsere Irrtümer aus, indem Er uns bestimmte Strafen auferlegt. Die Bestrafung ist also eine Folge unserer Taten und hat zum Ziel, daß uns unsere begangenen Fehler vergeben werden. Sie kann aber auch eine Warnung bedeuten, die uns daran hindert, auf unserem Irrtum zu bestehen. Es passieren immer wieder Dinge, die wir als unangenehm empfinden, die uns in Wirklichkeit aber einen Dienst erweisen, denn die Menschen können nicht immer unterscheiden, was gut oder was schlecht für sie ist. Zum Beispiel begeht jemand einen schweren Fehler. Wird er sofort bestraft, wird er sich auf diese Weise der Gefahr bewußt, in die er sich begibt, wenn er rückfällig wird. Ihm wird damit also eine Gunst zuteil, selbst wenn die Bestrafung nicht angenehm ist.

Der Ausdruck »Strafe Gottes« ist nur eine Redensart: Gott ist Barmherzigkeit und Gerechtigkeit, und Seine Gerechtigkeit verlangt, daß die schlechten wie die guten Taten schon von selbst entsprechende Wirkungen nach sich ziehen. Er hat dieses gerechte Gesetz gewollt, doch hat Er dem Menschen die Freiheit gelassen, diese Wirkungen zu provozieren oder zu vermeiden.

Dies bedeutet, daß der göttliche Wille großzügig in das Geschehen derjenigen eingreift, die an Ihn glauben und die Seine Gebote befolgen. Bei denen aber, die Gott leugnen und handeln, wie es ihnen beliebt, greift Er nur wenig in das Geschehen ein. Wie groß die Summe der Sünden aber auch sein mag, die ein Mensch begangen hat, Gott versäumt es nicht, ihm ein Zeichen oder eine Warnung zu senden, damit er sich seiner Fehler bewußt werden kann, und ihm die Möglichkeit zu geben, sich zu bessern und sein Heil zu finden.

Wenn wir begriffen haben, daß wir verantwortlich für unsere Taten und ihre Folgen sind, dann bleibt uns nur noch, alles in Ergebenheit anzunehmen, was auf uns zukommt, und uns Mühe zu geben, unsere gegenwärtige und zukünftige Situation nicht durch neue Fehler zu erschweren.

15. Die Folgen unserer Handlungen

Im Prozeß unserer Vervollkommnung müssen wir die Auswirkungen unserer Handlungen kennen. Jede unserer Handlungen führt zu zwei direkten Folgen (einer unmittelbaren und einer verzögerten) und einer Rückwirkung oder indirekten Folge. Zum Beispiel schlägt jemand in einem Anfall von Wut mit seiner Faust das Fenster seines Nachbarn ein und verletzt sich dabei die Hand. Dann ist diese Verletzung die direkte unmittelbare Folge. Die direkte verzögerte Folge dieser Tat ist der Schadenersatz, den er an den Nachbarn entrichten muß: Wenn er ihn nicht hier bezahlt, wird er ihn in der anderen Welt bezahlen müssen. Der Eindruck, den seine Handlung bei anderen hervorruft, stellt die Rückwirkung oder indirekte Folge dar. Das gleiche gilt natürlich auch für die guten Taten. Die direkte unmittelbare Folge einer Handlung zieht keine weitere Beurteilung nach sich. Dagegen wird das verzögerte Ergebnis nach der Absicht, die die Person hatte, der Art ihrer Handlung und der göttlichen Sicht von der Sache beurteilt und entlohnt.

Wenn jemand um Geld spielt und auf diese Weise sein gesamtes Vermögen verliert, wird er deswegen nicht einer Strafe in der anderen Welt entgehen. Wenn jemand sich bei einem Diebstahl, den er verübt, das Bein bricht, ist dies nur eine unmittelbare Folge auf der materiellen Ebene. Eine entsprechende Bestrafung dieses Diebstahls wartet außerdem noch auf ihn in der anderen Welt. Die unmittelbare Folge hier auf Erden kann den Fehler nicht auslöschen, sie ist nur eine sichtbare Folge.

So wie Gott gleichzeitig Seine Schöpfung umfaßt und alles weiß, so kann Er auch willentlich jemanden ignorieren. Menschen, deren Sünden jedes Maß überschritten haben, ignoriert Gott bis an das Ende ihres Lebens. Möge Gott uns vor diesem Schicksal bewahren!

Die Folgen bestimmter Taten, die wir begehen, hängen vom **Recht Gottes,** vom **Recht des anderen** oder von beidem ab[1]. Wir müssen stets sehr aufmerksam sein, was die Rechte der anderen betrifft. Wenn wir unsere Schulden anderen gegenüber nicht in diesem Leben begleichen, müssen wir sie in der anderen Welt bezahlen, denn dort verzichtet niemand, von einigen Ausnahmen abgesehen, auf seine Rechte. Während wir, was die Rechte Gottes anbetrifft, auf Seine Gnade hoffen müssen. Wenn ein Mensch ein unverschämter Lügner ist und mit seinen Lügen Schaden anrichtet, weiß es alle Welt, und niemand hat mehr Vertrauen zu ihm: Das ist die indirekte Rückwirkung hier auf Erden. Doch sein Vergehen, das auch Gottes Recht untersteht, wird außerdem noch in der anderen Welt vermerkt, wo er über seine Taten Rechenschaft ablegen muß.

Ein anderes Gesetz ist die Verkettung von Handlungen. Zum Beispiel gibt uns eine gute Tat den Anstoß zu einer weiteren guten Tat, und umgekehrt verführt eine schlechte Tat uns zu einer weiteren schlechten Tat, so lange, bis diese Kette durchbrochen wird.

Gott in Seiner Gerechtigkeit rechnet uns unsere schlechten Taten nur einmal auf und bestraft sie dementsprechend, während Er die guten Taten in Seiner Barmherzigkeit und Güte mindestens um das zehnfache, manchmal hundertfache oder sogar darüber hinaus belohnt. Begeht jemand eine gute Tat nur in der Absicht, daraus einen materiellen Nutzen zu ziehen, dann wird er materiell belohnt, erhält aber auf der spirituellen Ebene nichts. Begeht er sie dagegen aus uneigennützigen Motiven, dann erhält er seine spirituelle Belohnung, und seine materielle Belohnung wird auch nicht vergessen.

Wenn Sie zum Beispiel in bemerkenswerter Weise Nächstenliebe üben, wenn Sie anderen aus Pflichtgefühl helfen, wenn Sie um Gottes willen aufrichtig und uneigennützig handeln und deshalb geliebt und geachtet werden, wohlhabend und bei guter Gesundheit sind, handelt es sich dabei nur um materielle Belohnungen, und das spirituelle Äquivalent für Ihre guten Taten ist in der anderen Welt vermerkt. Doch wenn Sie nur in der Absicht handeln, bewundert zu werden oder persönliche Vorteile zu haben, erhalten Sie im allgemeinen nur die irdische Belohnung. Denn das, was Sie im Hinblick auf eine materielle Belohnung machen, wird auf der Erde belohnt. Sie haben dann vielleicht alles hier, doch nichts oder nicht viel in der anderen Welt.

Der Wert unserer Handlungen wird folglich nach unseren Absichten beurteilt. Diejenigen, die eine für die Menschheit nützliche Entdeckung gemacht haben, werden nach der Absicht, die sie hatten, belohnt. Wenn derjenige, der das Messer erfunden hat, dies in der Absicht gemacht hat, damit zu töten, dann wird er die Konsequenzen erleiden müssen. Doch wenn er es zu seiner Verteidigung oder für friedliche Zwecke erfunden hat, wird er belohnt werden, selbst wenn andere seine Erfindung dazu benutzen, Böses zu tun. Die Absicht bestimmt das spirituelle Ergebnis. Die äußeren Bedingungen zählen wenig, denn Gott schaut in das »Innere« eines jeden. Einige Leute handeln ihren Mitmenschen gegenüber aus einem Opfergeist heraus, ohne sich dessen bewußt zu sein. Sie erhalten eine Belohnung für all die Vorteile, die andere aus ihren Taten gewonnen haben. Alles Gute, was den Menschen, den Tieren und selbst den Pflanzen zugefügt wird, erhält seine Belohnung. Diejenigen, die eine Entdeckung gemacht haben, die dem Wohl der Menschheit dient, werden selbst dann belohnt, wenn sie gar nicht in dieser Absicht gehandelt haben. Denn Gott hat ihnen eine Gunst erweisen wollen und sie zu dieser Entdeckung geführt.

Es gibt auch Leute, die sich aus materiellen Gründen, einer

Ideologie oder politischen Idee wegen verfolgen oder töten lassen. Sie erhalten fast nichts dafür und machen sich ihrer basharischen Seele gegenüber noch schuldig. Das gleiche geschieht denen, die ihren Körper einer strengen Askese unterziehen, um übernatürliche Kräfte zu erlangen. Diejenigen, die sich für ein soziales Ideal zu Märtyrern machen, erhalten eine Belohnung, doch haben sie sehr teuer dafür bezahlt. Wieder andere opfern sich, um Mitmenschen das Leben zu retten. Ihre Belohnung fällt hoch aus. Und diejenigen, die für Gott und auf Geheiß Gottes zu Märtyrern werden, werden mit Gnade überhäuft.

Wir verstehen das ganze Ausmaß der Folgen und Rückwirkungen spiritueller Handlungen und des göttlichen Blickes, wenn wir die Daten der Biblischen Geschichte betrachten. Zum Beispiel befahl vor Tausenden von Jahren Gott Abraham, vier Mauern mitten in der Wüste zu errichten: Auf diese Weise wurde erbaut, was später die Kaaba werden sollte, ein Pol der Verehrung für alle Moslems. Jesus Christus, der einige Jahre auf dem Land predigte und nur einer Handvoll Menschen bekannt war, schuf ohne irgendwelche materiellen Mittel die spirituelle Basis für eine Kultur, und zweitausend Jahre später wird er von Milliarden von Christen, Moslems und anderen verehrt. Die winzigsten Ereignisse haben auf diese Weise unberechenbare Folgen, Persönlichkeiten ohne irdische Macht formen das Schicksal von Völkern, während die Mächtigen dieser Welt verschwinden, ohne eine dauerhafte Spur zu hinterlassen.

16. Die Reue

Gott ist für jede Art von Reue offen und bereit, sie zu akzeptieren. Mit Ausnahme einiger besonderer Fälle ist es in dieser Welt möglich, seine Fehler durch Buße wiedergutzumachen. Gott kennt immer unsere Fehler, doch Er verzeiht.

Reue kann Sünde auslöschen, doch nur unter bestimmten Bedingungen: Es ist unbedingt notwendig, Gewissensbisse zu empfinden und aus tiefer Seele und von ganzem Herzen zu bereuen. Wir müssen entsetzt über unsere Fehler sein und Abscheu empfinden und uns Mühe geben, sie wiedergutzumachen. Wir sollten nicht rückfällig werden, denn wenn wir einen Fehler wiederholen, den wir bereits bereut haben, schaffen wir damit eine Schwachstelle in unserer Bereitschaft, gegen Fehler anzukämpfen. Außerdem müssen wir glauben, daß unser Leben noch weitergeht; denn wenn jemand weiß, daß er von einer tödlichen Krankheit befallen ist, wird seine Reue nicht anerkannt werden. Nur die Reue desjenigen wird anerkannt, der nicht weiß, wann er sterben wird, und der die Hoffnung hat, daß sein Leben weitergeht, ganz gleich in welchem Alter er ist. Wenn ein Mensch Reue zeigt und gleichzeitig weiß, daß er stirbt, oder seinen Tod vorausahnt, dann ist seine Reue gleich Null, selbst wenn er sich geirrt hat und noch Jahre lebt, denn so etwas kommt einer Täuschung Gottes gleich. Wenn er dagegen die Hoffnung hat zu leben, und Buße tut, ohne an seinen Tod zu denken, dann aber kurz darauf stirbt, wird ihm vergeben werden.

Es ist ein schwerwiegender Irrtum zu glauben, daß es möglich ist, Gott hinters Licht zu führen. Derjenige, der Gott überlisten will, wird selbst überlistet werden, denn Gott ist weitaus geschickter, wenn es ums »Überlisten« geht. Dieses Gesetz gilt für alle und läßt sich auf alle Beziehungen zwischen den Geschöpfen und dem Schöpfer anwenden. Das Gegenteil von Hinterlist ist die Aufrichtigkeit des Glaubens und der Absicht. Jemand sagt sich zum Beispiel, daß er seine Jugend so verbringen will, wie es ihm beliebt, denn er kann ja am Ende seines Lebens bereuen, und stützt sich dabei darauf, daß Gott jede Buße akzeptiert. Er gerät auf diese Weise unter die »göttliche List«, die ihm die Möglichkeit entzieht, Buße zu tun.

Ein anderer Fall ist der bestimmter religiöser und spiritueller Führer von verschiedenen Anhängerschaften, die Lehren verbreiten, die sie erfunden haben und von denen sie behaupten, sie kämen von Gott, oder die bestimmte göttliche Lehren so abändern, daß sie in ihre eigenen Interessen passen. Sie werden ebenfalls von der »göttlichen List« getroffen: Die Gottesfurcht wird ihnen genommen, so daß sie sich bei ihren Verirrungen völlig sicher fühlen und in das Räderwerk von Aktion/Reaktion geraten.

Es gibt auch den Fall derjenigen, die Feinde des Wahren und der göttlichen Menschen sind. Sie sehen die spirituellen Wahrheiten genau verkehrt herum: Sie halten das Wahre für falsch und das Falsche für wahr. Gott läßt ihre anti-spirituellen Handlungen in ihren Augen schöner erscheinen und bestätigt sie sogar noch in ihren Ansichten, so daß sie bis zu ihrem endgültigen Fall weitermachen. Wenn die ihnen zugeteilte Lebensspanne nicht ausreicht, in die tiefsten Tiefen zu fallen, verlängert Gott ihre Lebensdauer sogar noch.

Ein deutliches Zeichen für einen echten Glauben ist die Furcht vor dem Jüngsten Gericht oder die »Gottesfurcht«. Diejenigen, die an Ihn glauben, die aufrichtig sind, aber dennoch Sünden aus Schwäche heraus begehen und sich dessen schämen, profitieren vom Gesetz der göttlichen Barmherzigkeit und finden Vergebung unter der Bedingung, daß sie nicht verzweifeln. Sie müssen sich an Ihn mit den folgenden Worten wenden: »Mein Gott, ich schäme mich meiner Sünden, doch ich bin schwach, und ich kann mich nicht beherrschen. Ich flehe Dich um Deine Hilfe und Deine Barmherzigkeit an.«

Gott ist Barmherzigkeit und Gerechtigkeit, doch Seine Güte übertrifft Seine Gerechtigkeit, und die göttlichen Waagschalen neigen sich immer zur Seite der Gnade, da kein Geschöpf in der Lage wäre, Seine ungemilderte Gerechtigkeit auszuhalten. So kann Gott unsere Reue für dieselbe Tat ohne weiteres bis zu dreimal akzeptieren. Doch der Sünder, der rückfällig wurde, hat jedesmal mehr Mühe, gegen die Versuchung anzukämpfen. Und wenn er Buße tut und dabei bereits Zweifel an der Festigkeit seines Vorsatzes hegt, neigt er dazu, nach seinen drei Malen vergeblicher Reue erneut rückfällig zu werden. Die Strafe ist in diesem Falle streng, doch wer Gott liebt, kann Seine Vergebung erlangen.

Reue ist eine Bitte, die sich ohne jeden Vermittler direkt an Gott wendet und an niemanden sonst. Sie ist ein Pakt zwischen dem Herzen und Gott. Es ist unnötig, mit Worten zu benennen, für was wir Vergebung finden möchten. Da Reue vor allem darin besteht, den festen Entschluß zu fassen, seine Fehler nicht mehr zu wiederholen, reicht es aus, tiefe Abscheu über diesen Fehler zu empfinden und nicht rückfällig zu werden. Sich mit Worten an Gott zu wenden, bedeutet wenig, da Er unsere Absichten kennt, in den Herzen liest und Worte nicht braucht.

17. Unsere Taten und unsere Gedanken bleiben

Jeder Moment unseres Lebens wird in der materiellen und spirituellen Welt registriert und verschwindet nicht. Jede unserer Taten hinterläßt ihre Spuren in der Luft, auf der Erde und an den Dingen wie auf einem Film. Wir müssen dies im physischen Sinne verstehen. Eines Tages wird jemand ein Verfahren entwickeln, das all die Ereignisse erfaßt, die in der Luft und auf der Erde festgehalten sind. Damit ist es dann möglich, zu sehen und zu hören, was in der Vergangenheit gesagt und getan worden ist.

In der spirituellen Welt tragen sich die Taten in analoger Weise ein. Alles, was wir tun und denken, wird dort im Laufe unseres Leben aufgezeichnet. Es gibt noch einen anderen Registrator: unsere eigene Seele, das Selbst. Im Augenblick unseres Todes haben wir eine plötzlich eintretende Vision von dem ganzen Leben, das wir verlassen, und sogar von unseren früheren Leben in all ihren Einzelheiten.

Die materielle Welt zeichnet nur unsere Taten und unsere Worte auf, doch in der spirituellen Welt und in unserer Seele werden unsere Absichten, unsere Vorstellungen und unsere Gefühle festgehalten und sind für die anderen Seelen sichtbar. All dies hinterläßt also eine Spur auf dem Selbst, und wenn die Seele schließlich in die andere Welt kommt, sieht der Richter alles, was sich dort im Laufe ihrer aufeinanderfolgenden Leben eingetragen hat, bis in die kleinste Einzelheit.

Es gibt folglich drei endgültige Registratoren: die materielle Welt; die spirituelle Welt, die alles aufzeichnet: unsere Gedanken, unsere Gefühle, unsere Leidenschaften, unsere Taten usw.;

und unser Selbst, das wie die spirituelle Welt ganz rigoros alles aufzeichnet.

Wer immer schlechte Taten begeht oder böse Absichten hegt, graviert sie in seine Seele ein, und zwar so, daß ihm seine Fehler, sobald er in der anderen Welt ankommt, deutlich bewußt werden. Die anderen Seelen sehen, wer er ist; sie lesen in ihm, verachten ihn und weisen ihn zurück. In der anderen Welt setzen die Seelen dem Grad ihrer Vollkommenheit entsprechend eine Kraft frei, die die niedrigeren Seelen davon abhält, sich ihnen ohne Erlaubnis zu nähern. Wenn wir wissen, daß die Haupteigenschaft jeder Seele die Würde ist, können wir uns vorstellen, was es für eine Seele bedeutet, sich entehrt und von allen anderen verachtet zu fühlen und dabei keine Möglichkeit mehr zu haben, dieser Demütigung zu entfliehen. Das ist eine unbeschreibliche und unerträgliche Beschämung.

Dagegen werden die, die Gott lieben, gute Absichten haben und gute Taten vollbringen, in Ehren aufgenommen. Sie werden auf die Ebene geleitet, die für sie reserviert worden ist und wo ihnen Gunstbezeigungen und Zeichen der Liebe und Zuneigung entgegengebracht werden. Die Intensität ihrer Freude entspricht ihren Verdiensten.

18. Das Verhalten in der Welt

Unsere Aufgabe auf der Erde ist es, an uns zu arbeiten, so daß wir für andere zu einer Quelle des Guten werden. Wir dürfen diese Welt nicht als einen Ort für unsere Vergnügungen betrachten, sondern als eine Schule der Vervollkommnung, um die spirituelle Reife zu erlangen, oder als einen Acker, der bestellt werden will, damit wir in der anderen Welt ernten können. Wir müssen aktiv sein, doch nicht für ein materielles Ziel, und wenn wir irdische Güter erhalten, müssen wir sie in einem guten Sinne verwenden.

Die beste Richtschnur für das Leben in der Welt ist es, nicht Sklave seiner Wünsche zu sein und das Gleichgewicht zwischen den vier Säulen der Existenz herzustellen: dieser Welt und dem Jenseits, dem Körper und der Seele. Es ist von Vorteil, einen Beruf zu haben und von seinen eigenen Mitteln zu leben, in der Welt so zu handeln, wie es der Ort und die Zeit erfordern, sich den Sitten und Gewohnheiten anzupassen, mit einem Wort, sich natürlich zu verhalten und mit Würde zu agieren. Alles, was zu einer Gewöhnung oder Sucht führt, wie Alkohol oder Drogen, sollte vermieden werden.

Der Platz eines Menschen ist unter Menschen, deshalb ist es nicht gut, sich weitab von der Welt zurückzuziehen. In unserer heutigen Zeit als Eremit zu leben, nutzt keinem – weder einem selbst noch anderen. Ganz im Gegenteil, wir müssen in der Gemeinschaft leben, uns nützlich machen, das Schicksal unserer Mitmenschen nach unserem besten Vermögen verbessern und uns bemühen, selbst die einfachsten Aufgaben des Lebens gewissenhaft zu erfüllen. Derjenige, der in der materiellen Welt nicht ernsthaft, verantwortungsbewußt und aktiv ist, wird es auch nicht im spirituellen Bereich sein. Wir müssen uns ein aktives Leben einrichten, doch unter der Voraussetzung, daß unsere Aktivitäten weder gegen die Moral verstoßen noch unserer Seele schaden. Die göttlichen Menschen sind immer aktiv. Sie haben ihr spirituelles Ziel stets vor Augen und handeln aus Liebe zur Pflicht, doch ohne dabei großes Aufheben um ihre Werke zu machen. Gott ist es, den sie über alles lieben. Damit wir nicht in die Falle der Selbstgefälligkeit geraten, sollten wir wissen, daß alles, was wir für Gott tun, nicht einmal ein Zehntel dessen ausmacht, was wir für ihn tun sollten.

Wir müssen diejenigen respektieren, denen viele Menschen folgen und die sie schätzen – ohne sie zu werten. Wenn ein Mensch geachtet wird und seine Ideen von vielen Menschen gutgeheißen werden, sollten wir uns davor hüten, über ihn schlecht oder respektlos zu reden. Selbstverständlich geht es nicht darum, seine Ideen zu übernehmen oder ihn zu bekämpfen, wenn wir seine Ansichten nicht teilen, sondern wir sollen ihn weder verachten noch ihm gegenüber Haß empfinden. Das gleiche gilt für jeden anderen auch, gleichgültig, wer er ist.

Wir müssen uns den gebräuchlichen und bürgerlichen Gesetzen unterordnen und unsere Rechte verteidigen, ohne in die der anderen einzugreifen. Wir müssen verzeihen können, denn es liegt etwas Gutes im Verzeihen, das wir niemals in der Rache finden. Doch Leuten mit schlechten Absichten gegenüber ist es besser, in der Defensive zu bleiben. Der Satz »Wenn man dir auf die rechte Wange schlägt, dann halte auch deine linke hin« bedeutet nicht, wie gewöhnlich angenommen wird, daß wir passiv bleiben und uns verfolgen lassen sollen. Der wahre Sinn dieses Satzes richtet sich einzig an einen Heiligen, der in allen Dingen den Willen Gottes sieht: Er unterwirft sich ihm ganz, denn er sieht in dem Akt der Person, die ihn schlägt, eine Bestrafung, eine Prüfung oder eine Warnung Gottes.

Schließlich sollten wir nicht die Hierarchie der Pflichten, die Gott aufgestellt hat, aus den Augen verlieren: die Pflichten unserer engelhaften Seele gegenüber, die Pflichten gegenüber unserem Körper, unserem Ehegatten, unseren Kindern, unseren Eltern, unserer Familie, unseren Freunden, der Gesellschaft usw. Wir müssen Selbstlosigkeit und Nächstenliebe entwickeln und pflegen, denn im Herzen jedes Menschen gibt es einen göttlichen Teil, und die Herzen zu gewinnen, bedeutet, die göttliche Gnade zu gewinnen.

Ein wichtiges Prinzip ist, stets darauf bedacht zu sein, sich von seinen materiellen und moralischen Schulden zu befreien. Gott streicht die Schulden, die Ihm gegenüber gemacht wurden (Recht des Schöpfers), doch Er annuliert nicht − von Ausnahmen abgesehen − die Schulden, die unter Menschen gemacht wurden (Recht der Geschöpfe), ohne das Einverständnis der geschädigten Partei. Handelt es sich um eine Schuld in einer Herzenssache, wie zum Beispiel, wenn wir jemanden verletzt haben, nützen uns Gewissensbisse und Reue nicht viel, bevor wir diese Schuld nicht bereinigt haben. Zu den moralischen Schulden zählen insbesondere die Undankbarkeit unseren Eltern gegenüber (die schlimmste von allen) oder denen gegenüber, die uns unterrichtet, erzogen oder geholfen haben.

Die goldene Regel ist, sich unter allen Umständen in die Lage der anderen zu versetzen: für andere zu wünschen, was wir uns selbst wünschen, für andere zu verabscheuen, was wir für uns selbst verabscheuen, und im Rahmen des Möglichen im Interesse des anderen zu handeln, so wie wir in unserem eigenen Interesse handeln würden.

Gut sehen [1]

Im Leben ist es wichtig, von den Dingen und den Wesen eine »gute Sicht« zu haben. »Gut sehen« hat zwei Bedeutungen: »nur das Gute sehen« und »richtig sehen«. Richtig sehen heißt, die

Wahrheit der Dinge zu sehen, die Personen, mit denen wir zu tun haben, gut zu kennen, ihre Stärken zu kennen, ihre Schwächen, ihre Fehler, ihre Neigungen usw. Wir müssen die Welt und die Menschen mit klarem Blick betrachten, ohne uns von ihnen täuschen zu lassen, aber auch ohne zu sehr von dem betroffen zu sein, was wir sehen, da wir nicht für das, was andere an Gutem oder Bösem tun, zur Verantwortung gezogen werden. Dem Unglück der anderen gegenüber sollen wir Mitgefühl empfinden und Hilfe geben, ohne jedoch innerlich gegen Gott zu protestieren.

»Gut sehen« bedeutet auch das Gute sehen. Jedes Wesen ist eine Schöpfung Gottes, und jeder trägt den göttlichen Stempel. Kein Geschöpf ist an sich hassenswert − es sind die schlechten Taten, die verabscheuungswürdig sind.

Wenn die Anhäufung schlechter Taten dazu führt, daß eine Seele dunkel wird, kann dies nur durch einen langen und unerbittlichen Prozeß geschehen sein, der die göttlichen Gesetze deutlich werden läßt und die Kette spiritueller und materieller Bestrafungen, Tod und Wiedergeburt, das veränderliche Schicksal usw. mit umfaßt. »Gut sehen« ist damit auch die Bewunderung dieses Meisterwerkes an Gerechtigkeit, das Tat und Sein eines jeden Menschen, ganz gleich, wer er ist, miteinander verbindet. Alle Dinge werden von Gottes unabänderlicher Ordnung, Gerechtigkeit und Strenge bestimmt.

Gleichgültig, ob ihre Taten gut oder schlecht sind, wir sollten unsere Mitmenschen als das Ergebnis dieser göttlichen Ordnung und Gerechtigkeit ansehen. Genauso wie wir ein Gemälde bewundern, auf dem Engel und Monster dargestellt sind, genauso erkennen wir auch in all Seinen Manifestationen die vollkommene Kunst des Schöpfers.

Wenn wir also mit anderen Menschen zu tun haben, sollten wir sie so sehen, wie sie sind, ohne uns von ihnen täuschen zu lassen oder uns etwas über sie vorzumachen: das bedeutet

»richtig sehen«. Zu sagen, alle Wesen sind gut, ist eine naive Sichtweise. Die Wahrheit ist, daß das Gute und Richtige, das wir in jedem Menschen sehen können, die göttliche Vorsehung ist, die die Beziehung zwischen unserem Verhalten und den entsprechenden Folgen für unsere Seele herstellt. So ist zum Beispiel der eine Mensch als Folge seiner schlechten Taten schlecht geworden, und ein anderer hat eine höhere Stufe erreicht als Belohnung für seine Verdienste. In beiden Fällen handelt es sich um ein vollkommenes Werk, in dem alles genauestens geprüft und erwogen wurde. Daher ist es für uns unwichtig, ob ein Wesen gut oder schlecht ist oder etwas dazwischen. Wichtig ist nur, daß wir in der Lage sind, objektiv den Unterschied zwischen einem Wolf und einem Schaf zu sehen. Wir sollten einem Wolf mißtrauen, ohne ihn jedoch gleich zu verabscheuen oder zu verdammen.

»Gut sehen« läßt sich auf alles anwenden, da jedes Wesen oder Ereignis den Stempel des Schöpfers trägt. Deshalb werden wir uns nicht über die Zeit und die Gesellschaft beklagen, in der wir leben. Ein Grund dafür ist, daß es Gotteslästerung wäre, sich zu beklagen. Der zweite Grund ist, daß wir schon eine recht hohe Meinung von uns selbst, unseren Verdiensten und der Belohnung, die uns zusteht, haben müssen, wenn wir uns beklagen. Der dritte Grund ist, daß es die göttlichen Gesetze von Ursache und Wirkung sind, die Menschen oder Gesellschaften gut oder böse machen. Und wenn wir schließlich die richtige und positive Seite der Dinge sehen, verstehen wir, daß dekadente und korrupte Verhältnisse den Dünger für einen spirituellen Boden bilden. In einer solchen Gesellschaft ist das Wachstum der Seele begünstigt. Wenn wir uns der Dekadenz, die uns umgibt, bewußt sind, reicht es, einfach nur gegen den Strom zu schwimmen, während es weitaus schwieriger ist, in einer Gesellschaft, in der alles wunderbar in Ordnung ist, über sich selbst hinauszuwachsen.

Um wirklich zu begreifen, was »gut sehen« bedeutet, müssen wir die Pflichten und Aufgaben, die sich daraus ergeben, in die Praxis umsetzen. Dann werden wir in der Lage sein, den spirituellen Wert dieses Prinzips zu schätzen, das in sich den Samen der richtigen Erkenntnis, der Heiterkeit, der Loslösung und der echten Liebe zu allen Geschöpfen trägt.

19. Mann und Frau

Von ihrem Ursprung her sind Mann und Frau gleich.

Auf allen Ebenen gibt es von Anbeginn an drei Kategorien von Geschöpfen: männliche, weibliche und unbestimmte. Bei den Menschen nimmt ein männliches Wesen im Prinzip in seinen aufeinanderfolgenden Leben immer wieder eine männliche Hülle an. Selbst wenn es noch einmal in den Körper eines Tieres zurückgehen muß, um für bestimmte Vergehen zu büßen, wird dies ein männliches Tier sein. Das gleiche gilt für die Frauen. Nur ausnahmsweise kommt es vor, daß ein Mann im Verlauf seiner aufeinanderfolgenden Leben die Hülle einer Frau annimmt und umgekehrt. Diese Ausnahme gilt jedoch nicht für die großen Heiligen. Die unbestimmten Wesen können sich im Laufe ihrer aufeinanderfolgenden Leben entweder in männliche oder weibliche Wesen transformieren oder aber bis an das Ende ihres Zyklus unbestimmt bleiben. Wenn diese Seelen aber erst einmal die Vollkommenheit erreicht haben, stellt sich diese Frage nicht mehr, da sie dann jenseits des Gesetzes der Kausalität stehen.

Männer und Frauen sind jeweils mit ihren eigenen Vorzügen ausgestattet. Genauso hat aber jeder auch seine ganz spezifischen Fehler, und andererseits gibt es Schwachpunkte, die ihnen gemeinsam sind. Die Schwäche der Frauen sind ihre Rachsucht und ihre Eifersucht, die sich vor allem gegen andere Frauen richten. Die Schwäche der Männer sind ihre sexuellen Begierden.

Ohne eine natürliche Sensibilität ist es unmöglich, spirituelle Energie wahrzunehmen und zu empfangen. Diese Sensibilität ist bei den Frauen viel stärker entwickelt, und wenn sie sich der Spiritualität zuwenden, wird sie sogar noch stärker. Andererseits können Frauen dadurch auch viel empfänglicher für die Stimme der negativen Kräfte sein.

Es gibt ebenso viele Männer wie Frauen, die Vollkommenheit erreichen. Wenn sie diesen Zustand erst einmal erlangt haben, besteht kein Unterschied mehr zwischen den Seelen der Geschlechter. Daher kann es auch weibliche Propheten geben.

Das Eheleben

Die Basis des materiellen und spirituellen Lebens ist die Ehe. Diese sollte nach den Grundsätzen erfüllt werden, die die göttlichen Gesandten aufgestellt haben. Abgesehen von einigen Ausnahmen sollten wir die Enthaltsamkeit nicht zum Lebensprinzip erheben, sondern eine Familie gründen und unserer Nafs geben, was im Rahmen des Erlaubten ist. Wenn wir körperliches Verlangen spüren und die Möglichkeit haben, als Paar zu leben, wäre es falsch, diesen Wunsch zu unterdrücken. Wenn Gott uns als Paare erschaffen hat, dann deshalb, damit die Schöpfung fortbestehen kann. Ohne göttliche Weisung gegen die Natur anzugehen, ist daher Ungehorsam[1], und eine Familie zu gründen ist für die menschlichen Wesen eine Pflicht. Nur die vollkommenen Menschen, die ihre Natur beherrschen, können heiraten oder nicht heiraten, je nach der göttlichen Weisung, die sie erhalten haben. So führte Buddha, nachdem er die Vollkommenheit erreicht hatte, ein enthaltsames Leben. Jesus, der vollkommen geboren wurde, verspürte nicht das geringste Verlangen, sich zu verheiraten, und empfing auch keinen göttlichen Befehl, dies zu tun. Andere vollkommene Wesen wiederum erhielten die genau gegenteilige Anweisung.

Mann und Frau müssen die Absicht haben, ein gemeinsames Leben zu führen, um eine Familie zu gründen, und nicht, um ihre eigenen Begierden zu befriedigen. Ohne eine solche

Absicht entstehen zwischen ihnen Uneinigkeit und Zwietracht. Die Verantwortung für eine Familie zu haben ist wie ein großes Gebet. Wenn wir einen Menschen, der die Verantwortung für seine Familie übernimmt, mit jemandem vergleichen, der sich aus der Welt zurückzieht und seine Zeit in frommer Andacht verbringt, dann kommt spirituell gesehen ein Tag des ersten vielleicht tausend Tagen des letzten gleich. Das Gebet eines Paares, das sich im Herzen einig ist, hat den gleichen Wert wie das Gebet einer großen Versammlung von Gläubigen. Ein Ehemann muß unter allen Umständen zuerst an das Glück und an das Wohlergehen seiner Frau denken, dann an das seiner Kinder und schließlich an das seiner Eltern; und die Frau muß das gleiche tun.

In jeder Familie gibt es eine individuelle und eine kollektive spirituelle Wirkung. Wenn alle Mitglieder der Familie in Einigkeit und Aufrichtigkeit miteinander leben, schickt Gott einen Engel in dieses Heim, um über ihre Sicherheit zu wachen und sie gegen Unheil und Not zu beschützen. Doch in einer Familie, in der Uneinigkeit und Unaufrichtigkeit herrschen, geht der Engel der Barmherzigkeit fort und wird von einem boshaften Geist ersetzt.

In der heutigen Gesellschaft ist weder Polyandrie noch Polygamie akzeptabel. Ganz zu Anfang der Geschichte des Islam erlaubte der Koran die Polygamie »unter der Bedingung, daß (der Ehemann) Gerechtigkeit walten läßt« (IV, 3), um den Verfall der Sitten zu verhindern, da es mehr Frauen als Männer gab. Kriterium der Gerechtigkeit ist das Herz eines jeden, das heißt, daß der, der eine zweite Frau nimmt, einer jeden die gleiche Liebe entgegenbringen muß. Doch das ist unmöglich, da ihm das Herz nicht gehorcht: Er liebt die zweite Frau mehr als die erste, sonst hätte er sie nicht genommen. Außerdem akzeptiert heute keine Frau mehr, eine Rivalin neben sich zu haben.

Wenn es sich empfiehlt, das Eheleben durch eine Heirat offiziell anerkennen zu lassen, dann nicht wegen der paar Worte, die von einer religiösen oder bürgerlichen Autorität gesprochen werden, da jeder selbst diese Worte sagen könnte. Was wirklich zählt, ist, daß der Ehemann und die Ehefrau sich gegenseitig verpflichten, die Verantwortungen und sozialen Verpflichtungen des Ehelebens zu übernehmen und die Rechte des anderen zu respektieren. Wenn ein Paar in tiefgreifenden Dingen nicht übereinstimmt und ihr gemeinsames Leben unerträglich wird, dann ist es besser, sich scheiden zu lassen. Doch dürfen niemandes Rechte verletzt werden. Allem und jedem muß Rechnung getragen werden. Sie sollten ohne Hast vorgehen und sich im Guten trennen.

Die Kinder

Das körperliche Verlangen wurde erschaffen, damit der Akt der Zeugung sich vollziehen kann, und die elterliche Liebe, damit die Art erhalten bleibt. Doch wenn sich Mann und Frau einig sind, können sie die Empfängnis verhüten.

Einen großen Einfluß auf das Kind hat das, was die Eltern im Augenblick der Empfängnis denken. Aus diesem Grund empfiehlt es sich, alle unerlaubten, unmoralischen und unwürdigen Gedanken aus dem Geist zu vertreiben. Statt dessen sollten die Eltern in diesem Moment große Freude und großes Vergnügen empfinden, da die geringste Verstimmung eine unheilvolle Wirkung auf das Kind hat. Sämtliche Eindrücke übertragen sich auf die Samenzelle wie auf einen fotografischen Film.

Die spirituelle Eignung des Körpers des Kindes ist von der Art der Beziehung abhängig, die die Eltern miteinander verbindet. Das Kind, das in einer Umgebung auf die Welt kommt, die ein Paar erschaffen hat, das in Einigkeit und Harmonie lebt, unterscheidet sich völlig von einem, das während einer flüchtigen, vorübergehenden Begegnung gezeugt wurde.

Diese Eignung hängt von sieben Individuationsfaktoren ab:
- vom individuellen Einfluß der jeweiligen genetischen Erbanlagen des Vaters, der Mutter, der Großeltern und der Urgroßeltern (insgesamt vierzehn verschiedene Blutsverbindungen);
- vom Einfluß der spezifischen Zusammensetzung dieser vierzehn Blutsverbindungen (die derart sind, daß selbst Zwillinge nicht vollkommen identisch sind);
- von den Gedanken des Vaters und der Mutter im Augenblick der Empfängnis;
- von ihrer Ernährung;
- von Zeit und Ort;
- von Bildung und Milieu der Familie;
- vom Einfluß des göttlichen Willens als Folge der »Empfangsberechtigung«, die dieses Kind aufgrund seiner besonderen Eignung erhalten hat. Der göttliche Wille ist hierbei mit einer elektromagnetischen Welle vergleichbar: je sensitiver das Empfangsgerät ist (in diesem Fall der Körper des Kindes), desto genauer und vollkommener ist der Empfang dieser Welle.

Allgemein gilt: Wenn wir all diese Faktoren berücksichtigen und nach den göttlichen Prinzipien handeln, dann ist es so gut wie gewiß, daß Gottes Segen auf das Kind herabkommt.

Die Pflichten der Eltern

Die Eltern haben den Kindern gegenüber drei wesentliche Pflichten zu erfüllen. Versäumen sie es, diesen Pflichten nachzukommen, laden sie eine unverzeihliche Schuld auf sich:
- Sie sollten den Kindern eine religiöse Erziehung zukommen lassen, denn wenn ein Kind vom Wege abkommt und Gott aufgrund von Nachlässigkeiten seitens der Eltern ablehnt, dann sind diese mitverantwortlich dafür.
- Sie sollten sich im Rahmen ihrer Mittel um die materiellen Bedürfnisse der Kinder kümmern, bis diese 18 Jahre alt sind, und länger, wenn die Kinder noch in ihrer Ausbildung stecken.

– Sie sollten ihren Kindern auch dabei helfen, ihr Studium oder ihre Berufsausbildung zu beenden, soweit dies im Rahmen ihrer Möglichkeiten steht.

Wenn die Kinder erwachsen sind und ihren eigenen Lebensunterhalt verdienen können, hören die Pflichten der Eltern ihnen gegenüber auf. Dann ist es empfehlenswert, getrennte Wege zu gehen.

Nichts ist destruktiver für eine Familie, als wenn einzelne Kinder vor den anderen herabgesetzt werden. Für ein solches Vergehen muß man sich auch noch in der anderen Welt verantworten.

Schon der kleinste Charakterzug der Eltern wirkt sich auf das Kind aus; darum ist der wichtigste Faktor in der Erziehung der Kinder die Erziehung der Eltern.

Die Kinder ihrerseits haben den Eltern gegenüber auch bestimmte Pflichten: Sie müssen sie respektieren, ihnen zuhören, sich um sie kümmern, wenn sie es brauchen (besonders im Alter) und für ihre Seele beten, solange sie leben und nach ihrem Tod.

Segen und Fluch der Eltern für ihre Kinder sind von äußerster Wirksamkeit und vergleichbar mit dem Segen und Fluch der großen Heiligen, unabhängig davon, ob die Eltern selbst gut oder schlecht, Atheisten oder gläubige Menschen sind.

20. Wie die Seele in den Körper tritt

Die Seelen, die sich vorübergehend in der Zwischenwelt aufhalten, warten darauf, daß das, was sie im Laufe ihrer früheren Leben erreicht haben, bewertet wird: Sie erhalten ihrem jeweiligen Verdienst, spirituellen Kapital und Zustand entsprechend den passenden Körper. Diese irdische Hülle wird für ihre spirituelle Entwicklung mehr oder weniger förderlich sein. Jede Seele erhält den Körper und die Umgebung, die sie verdient, und der Körper erhält die Seele, die zu ihm paßt.

Für jedes Embryo gibt es im allgemeinen eine männliche und weibliche Seele (oder auch mehr), die miteinander darum konkurrieren, den Körper zu bewohnen, der bald geboren wird. Handelt es sich um einen Körper, der besonders geeignet ist aufgrund der Anordnung der Individuationsfaktoren, dann ist es im allgemeinen die stärkste Seele, die Erfolg hat.

Im Augenblick der Geburt tritt die engelhafte Seele genau in dem Moment in den Körper des Neugeborenen ein, wenn dieses seinen ersten Atemzug nimmt. Manchmal kommt es vor, daß die Seele schon kurz vor der Geburt in den Körper tritt als Sühne für bestimmte Missetaten. In diesem Falle erlebt sie die beklemmenden und sehr schmerzhaften Empfindungen, wenn der Körper langsam aus dem Bauch der Mutter herausgepreßt wird. Es kommt auch vor, daß die Seele bereits lange vor der Niederkunft in den Fötus geschickt wird, damit sie unter dem Eingeschlossensein leidet.

Nur in einigen Ausnahmefällen tritt die Seele nicht direkt nach der Geburt in den Körper ein: Sie tritt dann vielleicht später in den Körper ein, gelegentlich auch erst nach einigen Jahren oder nie, weil dieser bestimmte Körper es gar nicht wert ist, daß ihm eine engelhafte Seele innewohnt. Dies ist aber selten der Fall. Menschen ohne eine engelhafte Seele sind beschränkt und gegenüber allem, was nicht unmittelbar mit ihren physischen Bedürfnissen zu tun hat, gleichgültig. Sie sind reine »menschliche Tiere«. Sie haben einen erdhaften Körper und eine erdhafte Seele. Sie haben keine Eigeninitiative und leben vollkommen unter den Einfluß ihrer Umgebung. Sie haben keinerlei menschliches Gefühl für die, die ihnen Gutes oder Böses tun. Sie heiraten nicht. Sie können sogar töten, ohne die leisesten Gewissensbisse zu verspüren. Wenn wir einem solchen Menschen begegnen, verstehen wir, was die engelhafte Seele ist, die ihnen fehlt. Wir verstehen wirklich, was den Menschen, der fähig ist, zu denken, zu unterscheiden und schöpferisch zu sein, vom »menschlichen Tier« unterscheidet. Wenn solche Wesen sterben, kehren sie zur Erde zurück, und es bleibt nichts von ihnen in der anderen Welt. Man nennt sie »Erden-Körper, Erden-Seelen«.

In der Zeit, die auf die Geburt folgt, hat das Kind immer noch die Eindrücke und Erinnerungen seines vorangegangenen Lebens im Gedächtnis. Es ist sich noch nicht seines neuen Zustandes bewußt, es lebt in seinem vorherigen Bewußtsein und steht in Verbindung mit der spirituellen Welt, von der es ganz klare Eindrücke wahrnimmt. Nach und nach verblassen diese Eindrücke, und mit dem sechsten Monat etwa beginnt es, allmählich zu vergessen, wer es war, und sich der Situation bewußt zu werden, in der es sich befindet. Doch gibt es Fälle, in denen das Kind weiterhin mit seinem außerzerebralen Gedächtnis in Verbindung bleibt und sich an bestimmte Vorfälle aus seinen früheren Leben zurückerinnern kann. Das kann bis ans Ende seines Lebens anhalten.

Wenn ein Kind innerhalb der vierzig Tage, die auf seine Geburt folgen, stirbt, wird diese Zeit in den fünfzigtausend Jahren oder tausend irdischen Hüllen nicht angerechnet. Stirbt es aber nach dem vierzigsten Tag, dann wird diese Zeit mitgezählt.

Der Tod des Neugeborenen vor dem vierzigsten Tag ist also eine schwere Strafe, und das Leiden, das manche Kinder ertragen müssen, ist derart groß, daß sie die Erinnerung daran sogar noch in den folgenden Leben haben.

21. Warum wir unsere früheren Leben vergessen

Wenn wir uns nicht an unsere früheren Leben erinnern, dann gibt es dafür präzise Gründe: Die Menschen beherrschen nicht ihre tierischen Instinkte, insbesondere nicht die Begierden ihrer Nafs, und wenn sie sich an ihre früheren Leben erinnerten, geriete die Ordnung der Gesellschaft durcheinander. Nehmen wir einmal an, wir hätten in einem früheren Leben einen erbitterten Feind gehabt, den wir dann in einem anderen Leben wieder treffen und wiedererkennen würden. Selbst wenn sein Körper sich verändert hätte, sein »Selbst« hätte sich nicht verändert, und in unseren Augen wäre er immer noch derselbe Mensch. Dann wäre unser Haß so groß, daß wir uns nicht zurückhalten können, uns zu rächen. Oder stellen wir uns vor, was geschehen würde, wenn in einem neuen Leben eine Mutter ihr Kind in den Armen einer anderen Frau wiedererkennen würde. Darum ist es ein Zeichen der göttlichen Voraussicht, daß Er uns unsere vorangegangenen Leben vergessen läßt. Denn wenn jeder eine Erinnerung daran behielte, gäbe es eine derartige Unordnung, daß das Leben in der Gesellschaft unmöglich wäre. Solange wir unsere tierischen Instinkte nicht beherrschen, ist es von Vorteil, sich nicht an seine vergangenen Leben zu erinnern.

Auf der anderen Seite heben sich die Schleier in dem Maße, wie wir in der Lage sind, die Begierden unseres dominierenden Selbst zu beherrschen, und langsam werden wir uns unserer früheren Leben bewußt. Doch können sich viele Menschen, auch ohne dieses Stadium des Bewußtseins erreicht zu haben, an gewisse Momente ihrer früheren Leben erinnern. Normalerweise wagen sie es nicht, darüber zu sprechen, weil sie nichts oder nur wenig über das Phänomen der Wiedergeburt wissen und davon ausgehen, daß es sich um Produkte ihrer Phantasie handelt, und fürchten, daß man sie für überspannt hält. Dabei könnte man zahllose Fälle dieser Art von partiellen Erinnerungen anführen. So kommt es zum Beispiel immer wieder vor, daß wir einen Ort das erste Mal sehen und den Eindruck haben, dort schon einmal gelebt zu haben, oder Menschen treffen, die uns auf Anhieb sympathisch oder unsympathisch sind, ohne daß es dafür eine Erklärung gibt. Man hat auch Kinder gesehen, die über ihre früheren Leben berichteten und Einzelheiten nannten, die sich dann als richtig erwiesen und im nachhinein von den Personen selbst, an die sie sich erinnerten, bestätigt wurden. Diese unbedeutenden Begebenheiten aus unseren früheren Leben schaden nicht und bleiben in unserem Gedächtnis, doch an das, was wirklich wichtig ist, erinnern wir uns selten.

Wenn wir uns all unserer Leben erinnerten, wäre der Weg der Vollkommenheit fortdauernd, und es bestünde keine Notwendigkeit mehr für die verschiedenen Stufen und irdischen Hüllen. Ein einziges Leben von maximal fünfzigtausend Jahren würde genügen, und die Situation wäre eine völlig andere. Die Unterbrechungen sind in unserem Interesse. Wenn die Menschen sich an all ihre früheren Sünden erinnerten, würden sie dermaßen von Verzweiflung übermannt, daß sie nicht mehr den Mut fänden, es besser zu machen. Sie würden sich wie jemand verhalten, der bei einem Rennen so stark zurückfällt, daß er schließlich aufhört zu laufen. Doch wir dürfen uns nicht entmutigen lassen, denn in der spirituellen Welt gibt es Möglichkeiten, verlorene Zeit auszugleichen, die es in der materiellen Welt nicht gibt. Eine einzige bedeutende Tat kann ausreichen, begangene Sünden auszulöschen. (Doch es ist nicht an uns, sondern an Ihm allein, den Wert unserer Taten festzulegen. Wir können eine Tat begehen, die uns nicht außergewöhnlich erscheint, die aber von Gott als eine großartige Tat angerechnet wird. Natürlich kann auch das Gegenteil der Fall sein.) Mit einer einzigen bedeutenden Tat können wir alles wiedergutmachen. Die Motivation zu bedeutenden Taten ist die Hoffnung. Doch die Erinnerung an vergangene Leben schwächt im allgemeinen die Hoffnung, und wenn die Hoffnung geschwächt ist, können wir keine glänzenden Taten mehr vollbringen. Wenn wir uns also durch die göttliche Gnade nicht an unsere früheren Leben erinnern, dann nur deshalb, damit unsere Hoffnung erhalten bleibt und wir die Möglichkeit haben, es besser zu machen.

Gott läßt nicht zu, daß eine Seele von selbst in ihren Untergang geht: Wenn jemand sich in einem Leben schlecht betragen hat, müßten die Verhältnisse, die er verdient, im Prinzip im nächsten Leben schlimmer sein als im vorangegangenen. Bliebe er sich selbst überlassen, würde er allmählich in den Abgrund rutschen. Darum vergißt er, wer er gewesen ist, und gleichgültig, auf welchem Stand der spirituellen Entwicklung er ist, mindestens einmal in seinem Leben erhält er die Gelegenheit, seine Vergangenheit wiedergutzumachen und sich zu erlösen. Für einen Atheisten, einen überzeugten Materialisten oder jemanden, der an völlig falsche Ideen glaubt, bedeutet es eine Gnade, die ihm zuteil wird, wenn er im nächsten Leben seine Ideen vergißt, sonst würde er weiter an seinem Irrtum festhalten.

Der Grund, weshalb die engelhafte Seele die spirituellen Wirklichkeiten nicht mehr sieht, ist nicht nur, weil sie in einem Körper wohnt, sondern vor allem, weil die Begierden des dominierenden Selbst ihr die Sicht verfinstern. Derjenige, dem es gelingt, seine Begierden zu beherrschen, kann bis zu einem gewissen Grad mit der anderen Welt in Verbindung stehen, sich seiner früheren Leben wiedererinnern und noch viele andere Dinge sehen.

22. Wie die Seele den Körper verläßt

Der Zustand der engelhaften Seele ist, wenn sie in den Körper eintritt, mit dem eines Vogels vergleichbar, der aus seinem Nest verbannt und in einen engen, dunklen Käfig gesperrt wird. Während ihrer gesamten Lebensdauer bleibt die Seele hier unten, um in den Klassen der irdischen »Schule« zu lernen und die Reife und das volle Bewußtsein über alle Segnungen, die von Gott kommen, zu erlangen, denn die Seele ist, bevor sie einen Körper annimmt, rein, aber »unbewußt«, das heißt, von allein kann sie sich nicht entwickeln und das volle Bewußtsein über die Schöpfung erlangen.

Die Empfindungen und Gefühle von Sterbenden im Augenblick, da die Seele den Körper verläßt, variieren je nach dem Gesamtergebnis der Handlungen, die jede Person vollbracht hat, und den Gedanken und Absichten, die sie im Laufe ihrer irdischen Leben gehegt hat.

Jedem Menschen geht es, von einigen besonderen Fällen abgesehen, in der anderen Welt besser als in dieser hier. Gleichgültig in welchem Zustand der einzelne ist, wenn der natürliche Tod eintritt: es bedeutet eine Befreiung für ihn, selbst wenn diese Befreiung nur vorläufig ist.

Hier folgen einige typische Fälle eines natürlichen Todes:
– Diejenigen, die den Prozeß der Vervollkommnung der Seele verstanden und einige Stufen durchlaufen haben: Ihre Seele kennt den Ort, der für sie reserviert ist, und ihr Tod (d.h. der Augenblick, in dem die Seele das Gefängnis verläßt) ist so sanft, daß er ihnen eine unbeschreibliche spirituelle Ekstase gewährt.
– Die wahren Gläubigen, die einen reinen Glauben an den Ei-

nen, Einzigen besitzen: Die Seele verläßt den Körper ganz leicht mit dem letzten Atemzug. Wenn sie erst einmal aus ihrem Gefängnis befreit ist, fühlt sie sich leicht und frei; sie wird in der spirituellen Welt erwartet und freundlich aufgenommen.

– Die Gewissenhaften, die die moralischen und sozialen Gesetze respektieren: Normalerweise verläßt ihre Seele den Körper mit Leichtigkeit, doch wenn sie sich ihrer neuen Situation bewußt geworden ist, empfindet sie ein gewisses Bedauern darüber, daß sie die Religion während ihres irdischen Lebens vernachlässigt hat.

– Die »Teufels-Menschen«, dunkel und Feinde der göttlichen Menschen: Ihr Leiden während und nach dem Tod ist unbeschreiblich.

Es gibt zahllose Fälle, die dazwischen liegen, sowie außergewöhnliche Fälle, die offensichtlich von dieser allgemeinen Regel abweichen.

Was den plötzlichen Tod angeht, so ist er sehr unangenehm: Die Seele versteht nicht, was ihr geschieht, und über einen längeren oder kürzeren Zeitraum irrt sie ziellos umher, ohne zu wissen, wo sie sich befindet, ehe sie sich ihres neuen Zustandes bewußt wird. Je weniger vollkommen die Seele ist, desto länger dauert dieses Gefühl an. Der plötzliche und sofort eintretende Tod durch Unfall, auf den weder Körper noch Geist vorbereitet waren, ist oftmals eine vorherbestimmte Bestrafung, entweder veränderlich oder unveränderlich. Diese Art von Bestrafung wird manchmal in mehreren Leben wiederholt, um damit eine ganz bestimmte Art von Fehler zu büßen.

Jeder ist Hüter seines eigenen Lebens, und es gibt kein größeres und wertvolleres Gut als das eigene Leben. Ein Mord ist eine Übertretung der göttlichen Ordnung, doch Selbstmord ist Übertretung der Ordnung und Verrat am anvertrauten göttlichen Gut zugleich. Darum gehört Selbstmord zu den unverzeihlichen Sünden.

Natürlich verlangen Selbstmorde, die von Kindern oder geistig kranken Menschen verübt werden, große Nachsicht. Doch in den schlimmsten Fällen, zu denen Selbstmorde aus Verzweiflung zählen, ist es unmöglich, die Qualen zu beschreiben, die für die bestimmt sind, die sie begangen haben. Die Leiden, die jemand ertragen muß, der sich das Leben genommen hat, entsprechen dem Stand seiner Erkenntnis und Einsicht, doch ist es falsch, zu glauben, es gäbe entschuldbare Fälle dabei. Gründe der Ehre, selbst wenn die Gesellschaft sie diktiert, oder unheilbare Krankheiten sind auf keinen Fall ausreichende Gründe, dem physischen und seelischen Leiden zu entgehen. Solches Leiden hält mehr oder weniger lange in der spirituellen Welt an und wird zusätzlich noch durch weitere Sanktionen erschwert. Wir müssen wissen, daß es den »Tod« nicht gibt. Wir verlassen lediglich die fleischliche Hülle, um in die Zwischenwelt hinüberzugehen.

Was auch immer der Grund für die Tat gewesen ist, die Seele des Selbstmörders verläßt den Körper sofort ohne Vorbereitung und vor allem ohne Erlaubnis. Sie wird in der anderen Welt nicht erwartet und irrt verstört umher, ohne Ziel, ohne Hilfe, ohne Führung, und das über einen mehr oder weniger langen Zeitraum, manchmal über viele Jahre. Während dieser ganzen Zeit geht das Leiden, dem die Seele (die Person) durch den Selbstmord entkommen wollte, weiter, und genauso auch das Leiden des Todes. Wenn sich zum Beispiel ein Mensch erhängt hat, um auf diese Weise einer großen Schande, einem Bankrott, einer Verurteilung oder einem Kummer zu entgehen, dann bleibt ihm noch lange Zeit wie ein furchtbarer Alptraum das entsetzliche Gefühl des Erstickens, und überdies noch das Leiden, das ihn in den Selbstmord getrieben hat. Am Ende dieser Leidensphase, die ihm nicht einmal angerechnet wird, wird er vor den Richter gebracht, um die entsprechende Strafe zu hören, die über ihn verhängt wird, und sie zu verbüßen.

Diejenigen, die durch Bücher und Schriften oder die Verbreitung von Ideologien die Idee des Selbstmordes fördern, müssen wissen, daß sie ihren Anteil an den schrecklichen Qualen erhalten werden, die auf die warten, die sie zum Selbstmord angestiftet haben.

Gewisse Leute sind manchmal geradezu von einer Selbstmordidee besessen, die eine symbolische Übertragung des Kampfes zwischen der engelhaften Seele und dem dominierenden Selbst darstellt. Sie träumen davon, vollkommen Herr über ihr dominierendes Selbst zu werden und es zu töten und ihre Seele zu befreien, oder aber ihre Seele möchte sich erheben und davonfliegen, ohne das natürliche Ende des Lebens abzuwarten. Da sie von den spirituellen Realitäten nichts wissen und niemand sie aufgeklärt hat, haben sie die Vorstellung, daß ihre Seele durch den Tod frei wird, den sie daher vorzeitig herbeiführen möchten. Sowie sie aber Kenntnis von den spirituellen Wahrheiten erlangen, sind sie im allgemeinen von dieser Obsession befreit. Selbstverständlich gibt es auch Obsessionen, die rein mentaler Ursache sind.

Derjenige, der versucht hat, sich umzubringen, und dem es nicht gelungen ist, hat in einem früheren Leben einige gute Taten vollbracht, die ihm nun zugute gehalten werden: Er hat vielleicht einem anderen das Leben gerettet, und Gott hat ihn aufgrund seiner guten Tat daran gehindert, sich selbst zu töten, und hat ihn gerettet.

Wenn wir erst einmal begriffen haben, daß das irdische Leben nur vorübergehend ist, müssen wir eine kluge und vorausschauende Lebensweise annehmen und uns anstrengen, das zu erlangen, was uns für unser ewiges Leben von Nutzen ist. Diejenigen, die nicht an das ewige Leben glauben, sind nicht imstande, denen, die daran glauben, zu beweisen, daß sie sich irren oder daß die Schriften[1] lügen. Deshalb sollten sie sich, wenn ihnen auch nur ein kleiner Rest an Weisheit geblieben ist, für den klügeren Weg entscheiden: An Gott zu glauben, hält uns von nichts ab und kann uns nur helfen; An Gott zu glauben, selbst wenn wir keine praktizierenden Gläubigen sind, ist von großem Vorteil für das künftige Leben.

Wir dürfen nicht vergessen, daß jede Welt ihre eigenen Gesetze hat: Die in dieser Welt am meisten begehrten Dinge wie Glück, Vergnügen, Macht haben in der spirituellen Welt überhaupt keinen Wert, vielmehr sind sie für die Seele nur eine Last. Und nichts ist demütigender für die Seele als der fehlende Glaube an die Existenz des EINEN, EINZIGEN.

Das erste, was einer Prüfung unterzogen wird, wenn wir in die andere Welt kommen, ist die Qualität unseres Glaubens. Natürlich gibt es Menschen, die in der Unwissenheit gelebt haben und sich nie Fragen gestellt haben: Sie werden dafür nicht bestraft, doch sie werden ihre Unwissenheit bitterlich bedauern. Diejenigen, die erst einmal konkrete Beweise für die Existenz Gottes fordern, um an Ihn glauben zu können, werden als Konsequenz auf ihr Verlangen mit Beweisen konfrontiert, mit denen sie nur schwer fertig werden. Und für diejenigen schließlich, die Gott wirklich aus ihrer tiefsten dunklen Seele leugnen, gibt es nichts Schlimmeres als die Leiden, die sie erwarten.

Dennoch müssen wir wissen, daß Gott niemanden bestraft: Es sind die schuldig gewordenen Seelen selbst, die von ihren Schuldgefühlen gedemütigt und gepeinigt werden und sich mit Selbstvorwürfen quälen.

23. Einige besondere Fälle

Unter den Gesetzen, die für unsere Reise in die andere Welt und hier auf Erden gelten, gibt es einige Ausnahmen und besondere Fälle.

Zum Beispiel haben einige Menschen so viele gute Taten vollbracht, daß ihnen die Gnade zuteil wird, nicht mehr auf die Erde zurückkommen zu müssen, um die noch verbleibenden Stufe spiritueller Vervollkommnung zu durchlaufen. Sie können in der Zwischenwelt bleiben und dort ihre Arbeit fortsetzen. Dort werden für diese Seelen die gleichen Bedingungen wie im irdischen Leben geschaffen. Sie leben also in einem Milieu, das dem, das sie auf der Erde gehabt haben, vollkommen gleicht. Sie haben die gleichen Gefühle und können damit fortfahren, sich zu vervollkommnen. Die Arbeit ist die gleiche, doch mit dem einen Unterschied, daß sie das Privileg haben, sich ihrer Situation und der Notwendigkeit dieser Arbeit bewußter zu sein.

In manchen Fällen ist eine Seele, die sich in der Zwischenwelt befindet, mit der Seele eines anderen Menschen verbunden, der auf der Erde lebt und dessen Verhalten, Charakter, Leben und Umwelt genau dem entsprechen, was dieser Seele auf der Erde bestimmt worden wäre. Aufgrund dieser besonderen Art von Beziehung profitiert die Seele, die in der Zwischenwelt lebt, von jedem spirituellen Fortschritt, den dieser Mensch macht, ohne dabei jedoch für dessen Fehler verantwortlich gemacht zu werden. Es handelt sich hierbei also um einen großen Vorteil.

Es kommt vor, daß einige Menschen derart viele Sünden begehen, daß ihre Seele vorübergehend mit der eines Tieres, einer

Pflanze oder sogar eines Minerals verbunden wird, um sie in höchstmöglichem Maße zu bestrafen. Diese engelhafte Seele weiß, daß sie in diesem Tier, Mineral oder in dieser Pflanze gefangen ist, und hat die gleichen Empfindungen wie diese. Sie fühlt, daß sie ein menschliches Wesen ist, das in Ungnade gefallen ist und in ein Tier, eine Pflanze oder ein Mineral verwandelt wurde. Ihre Seele wird gänzlich von der Seele des Wesens vereinnahmt, an das sie gebunden ist, und leidet. Und um die Demütigungen und weiteren Leiden dieser Seele noch zu vergrößern, ist ihr außerdem bewußt, wer sie gewesen ist, und Sie kennt den tieferen Grund für ihre Bestrafung sehr genau.

Wenn Gott gerecht ist, dann kann man sich fragen, warum manche Tiere krank sind und nichts zu fressen haben, während andere normal leben. Es handelt sich hier aber weder um eine Bestrafung noch um eine Belohnung, da sie für ihre Taten nicht zur Rechenschaft gezogen werden. Wenn wir einige dieser Tiere mit einer gewissen Klarsicht betrachten, sehen wir, daß eine menschliche Seele mit ihnen verbunden oder in ihnen gefangen ist und sich ihres Zustandes bewußt ist. Was das Tier selbst anbetrifft, das jetzt leidet, obwohl es dies nicht verdient hat, so wird ihm eine weitaus größere Entschädigung zuteil als alles erlittene Leiden. Zum Beispiel überspringt seine Seele, anstatt lange Zeit auf dem Stand eines Tieres zu bleiben, die nächsten Stufen und wird sofort eine basharische Seele. Natürlich sind nicht alle Tiere, die leiden, mit einer menschlichen Seele verbunden. Sie leiden aus Gründen, die zu erklären zu lange dauern würde. In jedem Fall werden alle entschädigt, da Ungerechtigkeit in der höheren Ordnung der Schöpfung nicht existiert, weder in dieser Welt noch in der anderen.

Die Verbindung und das Eingesperrtsein (oder Inkarnation) in einem Tier sind selbstverständlich nicht das normale Schicksal einer menschlichen Seele, sondern eine Ausnahme. Im allgemeinen verfolgt die engelhafte Seele ihren Weg zur Vollkommenheit während der fünfzigtausend Jahre, es sei denn, sie erreicht dieses Ziel bereits früher. Doch auf ihrem Weg kann sie ins Stocken geraten oder sogar Rückschritte machen. Doch niemals fällt sie auf eine Stufe zurück, die unter der des »menschlichen Tieres« (bashar) liegt, oder bleibt dort stehen. Ganz gleich, auf welchem Niveau sie sich befindet oder wie viele Fehler sie gemacht hat, es ist ausgeschlossen, daß die engelhafte Seele, die aus dem göttlichen ODEM geboren wurde, gänzlich ihr Wesen ändert und auf die Stufe der tierischen oder pflanzlichen Seele zurückkehrt, die Schöpfungen ganz anderer Art sind. Sicher, sie kann auf ihrem Weg zu Fall kommen, doch oft wird der Fall verhindert, und statt daß die Seele ihrer spirituellen Einsichten beraubt wird, erlegt man ihr eine Strafe auf, wobei das Strafmaß in diesem Falle dem Grad der spirituellen Reife entspricht, die diese Seele bereits erreicht hat.

Es ist auch möglich, die Seelen zweier Personen, die auf der Erde leben, auszutauschen. Wenn wir aufmerksam sind, können wir Fälle dieser Art beobachten: Eine bis dahin freundliche und liebenswerte Person wird von einem auf den anderen Tag ausfallend und aggressiv; sie ist nicht mehr dieselbe. Oder aber wir sehen jemanden, der an Unverschämtheit nicht mehr zu überbieten war, plötzlich heiter und freundlich werden. In diesen Fällen handelt es sich um eine vorläufige Bestrafung oder kurzfristige Belohnung, was allerdings selten vorkommt. Der Grund für einen solchen Austausch ist folgender: Der Körper kann mit einem Haus verglichen werden. Ein schönes Gebäude kann von üblen und unwürdigen Personen bewohnt werden, während eine Bruchbude von sehr netten und anständigen Personen bewohnt werden kann. Die Gerechtigkeit verlangt, daß jeder seinen Platz findet. Andererseits aber spielt das Milieu auch eine Rolle: Ein übler Körper kann in einem üblen Milieu aufwachsen und von einer guten Seele bewohnt werden. Eine solche Person sehen wir manchmal mit Güte und Liebe handeln und dann wieder in einer gemeinen und niederträchtigen Weise. Deshalb ist es nötig, daß ihr Körper ausgewechselt wird und diesem unwürdigen Körper die Seele gegeben wird, die zu ihm paßt.

Den kriminellen Seelen (im weitesten Sinne), die jegliche Grenze überschritten haben, ist eine besondere Art der Bestrafung vorbehalten: Ihnen kommen ihre Fehler nach dem Tod voll zu Bewußtsein, und sie müssen eine erste schreckliche Bestrafung erleiden. Anschließend werden sie einem Vernichtungsprozeß unterzogen und ins Nichts zurückgeworfen. Einige Seelen, die besonders schuldig geworden sind, erscheinen vor den himmlischen Richtern, die über sie den »spirituellen Tadel« aussprechen. Diese Bestrafung ruft ein Gefühl der Scham hervor, das unerträglich ist und von einer derartigen Intensität, daß sie jede Vorstellung übersteigt. Es ist die härteste aller Strafen.

Wir dürfen die Wahrheit von den »aufeinanderfolgenden Leben« der engelhaften Seele, die eine Bewegung zur Vollkommenheit hin bedeutet, um zur Einheit mit dem EINEN, EINZIGEN zu gelangen, nicht mit gewissen von der Seelenwanderung abweichenden Theorien verwechseln. Nach dem hier dargestellten Prinzip der aufeinanderfolgenden Leben verbringt der Mensch nach jedem Tod eine gewisse Zeit in der Zwischenwelt. Dieser Aufenthalt ist obligatorisch, aber von unterschiedlicher Dauer. Wenn er auf die Erde zurückkehrt, erfordern sein Rang und seine Aufgabe, daß er eine menschliche Hülle annimmt. Lediglich im Falle einer besonderen Form von Bestrafung wird seine Seele vorübergehend in ein Tier, eine Pflanze oder Mineral eingesperrt oder für eine zuvor festgelegte Dauer an sie gebunden. Die Dauer dieser Bestrafung wird innerhalb der fünfzigtausend Jahre nicht angerechnet.

Das Prinzip der aufeinanderfolgenden Leben stimmt mit den Lehren der echten Gesandten Gottes überein, die die Existenz des alleinigen Gottes, der Hölle, des Paradieses, der Welt der

123

vollkommenen Seelen, des Jüngsten Gerichtes usw. bestätigt haben. Gewisse Theorien der Seelenwanderung dagegen leugnen die Zwischenwelt, berücksichtigen nicht die Würde der basharischen Seele, erkennen keine Grenze im Kommen und Gehen der engelhaften Seele an: Für sie veranstalten die Seelen eine Art Wettrennen darum, den ersten freien Körper, der sich bietet, zu finden, um ihn dann zu bewohnen. Dabei spielt es keine Rolle, ob es sich um den Körper eines Menschen, eines Tieres, eines Insektes oder einer Pflanze handelt. Diese Theorien ignorieren allesamt das Paradies, die Hölle, das Gericht usw., und ihre Definition des letzten Zieles korrespondiert nicht mit der der Offenbarungsreligionen. Es gibt viele verschiedene Theorien der Seelenwanderung, doch diese Frage verlangt ein umfassendes Verständnis, wie es sich nur einem Menschen offenbaren kann, der die Vollkommenheit erreicht hat.

24. Die anderen Geschöpfe

Der Mensch ist nicht das einzige denkende Wesen der Schöpfung. Zahlreiche Planeten sind mit vernunftbegabten Wesen bevölkert, die sogar gelegentlich die Erde besuchen. Sie kennen Gott auf ihre Weise, und genau wie für die Menschen ist es auch ihr Ziel, die Vollkommenheit zu erlangen. Manche gleichen mehr oder weniger den Menschen, leben aber auf ihre eigene Weise.

Die Menschen sind nicht die einzigen denkenden Wesen, die die Erde bewohnen, sondern es gibt auch Wesen, die für unsere Augen unsichtbar sind und die »Geister« genannt werden.

Sie sind lange vor Adam erschaffen worden und lebten schon lange vor den Menschen auf der Erde. In ihrer Zusammensetzung ist das Element Erde nicht enthalten, deshalb ist die Materie für ihr Sehvermögen, das sehr hoch entwickelt ist, oder für ihre Fortbewegung kein Hindernis. Sie leben auf der Erde und innerhalb der Erdatmosphäre, doch hat die Schwerkraft auf sie keinen Einfluß. Sie bewegen sich mit einer Geschwindigkeit, die beinahe der des menschlichen Gedankens gleichkommt, und können Gegenstände, selbst schwere, sehr schnell versetzen oder uns sogar unbeweglich an einen Platz bannen. Was sie zum Leben brauchen, beziehen sie aus der Atmosphäre, und deshalb können sie auch nur in Atmosphären leben, die der der Erde gleichen. Trotz der Schnelligkeit, mit der sie sich fortbewegen, können sie nur unter zwei Voraussetzungen auf andere Planeten gehen: Erstens muß Gott es ihnen erlaubt haben, und zweitens muß der Planet, der ihr Ziel ist, ihnen die atmosphärischen Konditionen bieten, die ihrer Beschaffenheit zuträglich sind. Wenn die Geister auf einen anderen Planeten gehen, können die dortigen Bewohner sie im Gegensatz zu den Erdbewohnern sehen.

Die Lebensdauer dieser Geister entspricht der unsrigen. Doch sobald sie gestorben sind, löst sich ihr Körper in der Atmosphäre auf. Die Geister besitzen auch eine eigene Seele, die Vervollkommnung sucht, wobei das Ausmaß jedoch eingeschränkter ist als beim Menschen.

Die Geister lassen sich in drei Gruppen unterteilen: die Feen, die Djinns und die Dämonen[1]. Alle Feen sind gläubig und den Menschen wohlgesonnen, ebenso wie die unter den Djinns und Dämonen, die gläubig sind. Doch die Djinns und Dämonen, die nicht glauben, sind uns stark feindlich gesonnen und warten stets auf eine Gelegenheit, bei der sie ihren unheilvollen Einfluß auf uns ausüben können. In diese Kategorie gehören auch die boshaften Hausgeister.

Diese verschiedenen Geister begegnen einander und leben friedlich miteinander. Jede Gruppe hat ihr eigenes Oberhaupt, doch Propheten oder göttliche Gesandte hat es unter ihnen nie gegeben. Wenn sie spirituell weiterkommen wollen, müssen die Geister den Propheten oder göttlichen Gesandten der Menschen gehorchen. Daher kann man sagen, daß einige Geister Christen, andere Moslems usw. sind.

Ohne Gottes Einverständnis können die bösen Geister nichts gegen uns ausrichten. Lassen Sie uns ein Beispiel nehmen: Um uns herum wimmelt es von unzähligen Mikroben, die uns keinen Schaden zufügen, solange unser Organismus gesund ist. Doch unter bestimmten ungünstigen Umständen, wenn unser Körper geschwächt ist, greifen uns diese Mikroben an und rufen Störungen und Krankheiten verschiedenster Art hervor. Genau das gleiche gilt für die bösen Geister. Wie die Mikroben leben sie in Kontakt mit uns, unsichtbar und harmlos, solange wir in guter spiritueller Verfassung sind. Doch wenn unser Verhalten, unsere Sünde, unsere schlechten Gedanken usw. unseren Glauben schwächen, sind wir für ihre Aggressionen angreifbar, können sie uns in Schwierigkeiten bringen und uns ins Unglück stürzen. Ein Mensch, der auf diese Weise unter den Einfluß eines bösen Geistes gerät, erlebt eine ganze Reihe von Schwierigkeiten – familiäre, soziale, physische, moralische, psychische. Das einzige Mittel, gegen solche unseligen Einflüsse anzukommen, besteht darin, einen festen Glauben zu haben und um die göttliche Gnade zu bitten. Die beste Garantie für die Immunität gegen böse Geister ist der feste Glaube an Gott.

Es gibt eine bestimmte Form des Wissens, mit dessen Hilfe Menschen mit den Geistern in Verbindung treten, ja sogar sie beherrschen können. Doch wird davon stark abgeraten, da dies ein Irrweg ist, der vom Weg der Wahrheit abbringt und in den Abgrund führen kann.

Wenn von bösen Geistern die Rede ist, die bestimmte Orte heimsuchen, handelt es sich um gottlose Djinns und Dämonen, denn menschliche Seelen – selbst die dunklen unter ihnen – sind nicht befugt, die Lebenden zu stören. Sowie wir Zekr[2] machen und Gebete sprechen, verschwinden diese ungläubigen Geister wieder.

Was die Engel betrifft, so wurden sie vor dem Menschen aus dem Element »Luft« erschaffen. Es gibt viele Arten von Engeln, und auch sie müssen eine Vervollkommnung erreichen, obwohl sie rein und ohne Sünde sind und frei von sexuellen Trieben und negativen Leidenschaften wie Haß, Stolz oder Wut und keine Lügen kennen. Sie nehmen einen höheren Rang ein als Menschen, die noch nicht die Vollkommenheit erreicht haben. Doch Menschen, die ihre Vollkommenheit erreicht haben, stehen höher als sie. Tatsächlich hat der Mensch, der seine eigene Vollkommenheit erreicht hat, einen höheren Rang inne als ein Engel, da seine spirituelle Kapazität die eines Engels oder jeden anderen Geschöpfes übersteigt, einfach deshalb, weil er viel größere Schwierigkeiten überwinden und einen längeren Weg zurücklegen mußte. Doch mit seinen Fehlern kann der Mensch auch viel tiefer als selbst die niedrigste Kreatur fallen. Er kann »tiefer als die Erde« fallen.

Die dem Menschen untergeordneten Geschöpfe besitzen die angeborene Fähigkeit, sich mit dem Schöpfer zu verständigen, zu Ihm zu beten und Ihm zu huldigen. Sie leben in einem Zustand beständiger Freude, außer sie sind mit einer menschlichen Seele verbunden, die einer bestimmten Strafe unterzogen wird.

Tiere besitzen äußerst feine Sinne, die ihnen die Möglichkeit geben, zum Beispiel das Wetter, Erdbeben, gute und schlechte Planeteneinflüsse vorauszuahnen. Die einzelnen Tierarten verständigen sich untereinander in ihrer eigenen Sprache. Sie verstehen alles, was sie betrifft, sogar wenn es sich um menschliche Aktionen handelt. Wenn ein Krieg vorbereitet wird, fühlen manche Tiere, wie diese Idee in den Köpfen der Menschen reift, und verfügen über eine Sprache, mit der sie denen Mitteilung davon machen, die mit der Gabe der Hellsichtigkeit ausgestattet sind. Jeder Mensch, der die Vollkommenheit erreicht hat – oder auch schon vorher –, kann mit Tieren, Pflanzen oder Gegenständen kommunizieren und dabei feststellen, daß sogar die Gegenstände ihre eigenen Empfindungen haben. Wenn wir ein Instrument zum Lobpreis Gottes spielen, ist dieses Instrument glücklich. Wird es aber gespielt, um zu Ausschweifungen anzuregen, ist es unglücklich. Die Mineralien und Pflanzen haben ebenfalls ihre eigenen Wahrnehmungen vom Schöpfer und ihre eigenen Gefühle von Glück und Unglück. In einem Haus, in dem sich die Menschen schlecht benehmen, ist jeder Stein unglücklich, doch die Erde, auf der eine Kirche, eine Moschee oder ein Tempel gebaut ist, ist glücklich, da sie zu dem Zweck genutzt wird, zu dem sie erschaffen wurde.

Alle Geschöpfe der Erde beten den Schöpfer an, mit Ausnahme des Menschen, der in seiner Ignoranz gefangen ist, der schläft und sich erhaben über alle anderen dünkt. Doch wenn er erwacht, wird er ganz bescheiden angesichts der ungeheuren Größe Gottes und wird sich bewußt, wie wenig menschliche Stimmen im universellen Chor zur Lobpreisung Gottes mitwirken.

25. Verbindungen mit den Seelen

Manchmal möchten Seelen, die sich in der Zwischenwelt weiterentwickeln, mit einer Seele, die auf der Erde in einer menschlichen Hülle lebt, in Verbindung treten. Wir müssen diese Seelen, die immer freundlich sind und gute Absichten haben, nicht fürchten. Wenn sie versuchen, sich zu äußern, ist es sogar gut, sie dabei zu unterstützen, indem Gebete gesprochen werden.

Diese Seelen treten auf verschiedene Weise mit den Menschen in Verbindung: Man nimmt zum Beispiel pfeifende Geräusche wahr, die sich aber von dem pathologischen Erscheinungsbild des Pfeifens im Ohr unterscheiden. Oder man kann auch so etwas wie einen Atem hören, ein Wispern oder sogar Worte oder ganze Sätze unterscheiden. All diesen Äußerungen geht im allgemeinen bei dem Menschen, der sie wahrnimmt, ein bestimmtes Gefühl der Vorahnung, eine Art vorbereitendes Gefühl voraus. Man fühlt also die Präsenz solcher Seelen. Manchmal sind sie zu sehen und in seltenen Fällen sogar physisch fühlbar. Sie äußern sich nach genau festgelegten Regeln: Die Seele selbst braucht keinen materiellen Körper, doch um in dieser Welt oder in der Zwischenwelt identifiziert werden zu können, nimmt sie die Form eines Körpers an, den sie schon einmal in einem früheren Leben innehatte. Einige Seelen können in Gestalt irgendeines dieser früheren Körper erscheinen, und andere können sich nur in ganz bestimmter Gestalt oder auch nur in einer einzigen zeigen. Die vollkommenen Seelen unterliegen in diesem Bereich keinerlei Einschränkungen und nehmen die Form an, die sie möchten.

Einige Personen unterhalten laufende Beziehungen mit solchen Seelen und befragen sie zu den Realitäten der spirituellen Welt. Wenn man Seelen in dieser Sache befragt, muß man sich darüber im klaren sein, daß sie nicht alles wissen und daß ihr Wissen dem Grad ihrer spirituellen Entwicklung entspricht. Andererseits kann eine Seele ein tiefes spirituelles Wissen besitzen, ohne das Recht zu haben, bestimmte Dinge weiterzugeben. Daher kann sie nur auf bestimmte und nicht auf alle Fragen antworten. Wir müssen auch vorsichtig sein, denn einige Seelen haben den Auftrag, uns in Versuchung zu bringen. Sie lügen nicht, richten sich aber an uns in ihrer Art von Sprache und mit ihren Zeichen. Oft muß man sie auch bitten, ihr Anliegen zu präzisieren, und auf jeden Fall alles ablehnen, was nicht mit den göttlichen Prinzipien übereinstimmt. Im allgemeinen jedoch sind ihre Worte nicht schädlich, dienen aber dazu, den Scharfsinn ihres Gesprächspartners zu prüfen.

Man darf die Erscheinung von Seelen nicht mit der von Gespenstern verwechseln. Manchmal kommt es vor, daß Seelen, die frei in der Zwischenwelt leben, sich in der sinnlichen Welt zeigen dürfen. Diese Seelen haben niemals schlechte Absichten, sonst hätten sie nicht die Erlaubnis erhalten, wieder auf der Erde zu erscheinen. Wir müssen ein für allemal verstehen, daß die schuldig gewordenen Seelen wie angekettet sind und über keinerlei Freiheit und Macht verfügen, weder in dieser noch in der anderen Welt. Was Leute als Gespenster bezeichnen, sind die gottlosen Geister, die bestimmte Plätze oder besonders geeignete Orte heimsuchen. Sie haben böse Absichten und wollen den Menschen übel.

Menschen, deren seelisches Gleichgewicht gestört ist oder die geisteskrank sind, sprechen manchmal von Visionen, die sie haben, Stimmen, die sie hören, oder ähnlichen Dingen. Doch ist es leicht, zwischen Trugbildern und den echten spirituellen Visionen zu unterscheiden: Jemand, der unter seelischen Störungen leidet, hat keine zusammenhängenden Gedanken und Überlegungen, seine Eindrücke ändern sich jeden Augenblick, und aus seinen Worten lassen sich keine genauen Schlüsse ziehen. Dagegen die, die dem wahren spirituellen Pfad folgen, ganz normal. Sie sprechen erst über ihre Erfahrungen, wenn sie sicher sind, daß sie nicht für seelisch Gestörte gehalten werden. Sie sind einfach, klar und würdevoll, und ihre Ideen und ihr Benehmen rufen Respekt hervor.

Die goldene Regel in der Verbindung mit den Seelen ist, daß wir von einem solchen Kontakt nur unter der Führung eines echten spirituellen Meisters profitieren können, oder aber erst, nachdem wir ein genaues Wissen über die metaphysische Welt auf einem echten spirituellen Weg erlangt haben. Diejenigen, die auf dem Weg sind und ihm folgen, verspüren nicht das Bedürfnis, mit den Seelen in Kontakt zu treten und suchen diesen Kontakt auch nicht, es sei denn, es handelte sich um Seelen von hohem Rang, die dabei helfen können, bestimmte spirituelle Probleme zu lösen.

26. Die Träume

Wie Träume funktionieren

Der Traum ist eine Art Verbindung mit der spirituellen Welt. In echten Träumen befreit sich die Seele aus der Umhüllung des Körpers und erlebt Seinszustände und Gedanken, die sich von denen des Wachzustandes unterscheiden. Aufgrund dieses Prinzips erinnern wir uns jedesmal, wenn zwischen den beiden Welten, zwischen den Gedanken des Traumes und denen beim Erwachen, eine vollständige oder partielle Übertragung stattfindet, ganz oder teilweise an den Traum. Doch wenn aufgrund des materiellen Schleiers keine Übertragung zwischen der Seele und dem Körper stattfindet, erinnern wir uns nicht. Es gibt noch zwei andere Gründe, weshalb wir einen Traum vergessen: einmal, wenn es im Interesse der Person liegt, und zum anderen, wenn die Seele schwache Momente hat oder ihr die rechte Aufmerksamkeit fehlt. Die Unaufmerksamkeit zeigt sich folgendermaßen: Im Augenblick, in dem die Seele dem Körper etwas übermitteln will, entsteht ein Hiatus – eine Lücke, eine Unterbrechung. Seine Aufmerksamkeit auf das Göttliche zu lenken, verhindert diese Unterbrechung. Um also diese Unaufmerksamkeit zu vermeiden, müssen wir unsere Aufmerksamkeit vor dem Einschlafen auf das Göttliche richten.

In einem echten spirituellen Traum erscheint entweder ein spiritueller Gesandter, um mit der Seele des Träumenden Verbindung aufzunehmen, oder aber die Seele des Träumenden verläßt den Körper und begibt sich zu der QUELLE oder nimmt mit den spirituellen Gesandten Kontakt auf. Die Seele verläßt den Körper, bleibt aber durch einen Faden mit diesem verbunden. Solange dieser Faden nicht durchtrennt wird, stirbt der Körper nicht.

Wenn der Körper eingeschlafen ist, hebt sich ein Teil des Schleiers, der den Körper von der Seele trennt, und die Person sieht einen Traum. Es ist durchaus möglich, daß dieser Schleier sich während des Wachzustandes hebt, noch bevor die Vollkommenheit erreicht worden ist.

Die verschiedenen Kategorien von Träumen

Es lassen sich drei Hauptkategorien von Träumen unterscheiden:
- Träume des Intellekts und der Psyche
- rein spirituelle Träume
- Träume, in denen sich diese beiden Seiten vermischen

Menschen, die von ihrem dominierenden Selbst beherrscht werden, haben fast ausschließlich intellektuelle oder psychische Träume. Diese Art von Träumen kann leicht identifiziert werden: Sie sind Ausdruck der Instinkte und der Leidenschaften oder aber hängen mit der körperlichen Verfassung zusammen, wie zum Beispiel einer schlechten Verdauung, Schmerzen, einem Gefühl der inneren Unruhe, bestimmten Gedanken, Sorgen, die wir uns am Tag oder den Tagen vor dem Traum gemacht haben. Doch sie unterscheiden sich vor allem aufgrund ihrer Wirkung von den spirituellen Träumen: Sie haben keine spirituelle Bedeutung und keine andauernde, tiefe Wirkung und sagen nichts über die engelhafte Seele aus. Ihre Bedeutung ist vielmehr psychischer Art. Darum beeinflussen oder prägen sie das Leben einer Person auch nicht sonderlich, und es bleibt im allgemeinen auch keine dauerhafte Erinnerung an sie.

Je größer dagegen die spirituelle Bedeutung eines Traumes ist, desto tiefer beeindruckt er uns und desto anhaltender ist seine Wirkung. Spirituelle Träume bewegen uns in unserem Innersten, prägen uns und bleiben in uns Jahre, wenn nicht sogar ein ganzes Leben lang lebendig.

Die Deutung von Träumen

Da wir kein vollkommenes Wissen von den Dingen und ewigen Wahrheiten besitzen, nehmen die Träume Formen an, die für jeden von uns spezifisch sind. Zum Beispiel träumen wir von Jesus so, wie er uns immer dargestellt wird. Doch wenn wir die Etappe der WAHRHEIT erreicht haben, sehen wir ihn, wie er wirklich ist. Für einige Menschen ist die Schlange das Symbol für das dominierende Selbst, für andere ist es der Wolf oder etwas anderes. Jeder Mensch erhält seine Botschaft durch Symbole, die ihm gemäß sind.

Allgemein kann gesagt werden, daß, abgesehen von besonders qualifizierten Personen, jeder seine eigenen Träume selbst am besten deuten kann. Dennoch kennen wir die letzte Bedeutung unserer Träume nicht, da wir uns nur eines minimalen Teiles eines weitaus umfassenderen spirituellen Prozesses bewußt sind, der in unserem Geist Form annimmt. Die Seele kann beträchtlichen Prüfungen unterzogen werden, von denen der Traum nur Fragmente oder einen groben Überblick wiedergibt. Nur hochstehenden spirituellen Personen ist es gegeben, die ganze Wirklichkeit ihrer Träume zu erfassen. Die gewöhnlichen Menschen haben weder das Recht noch die Fähigkeit, sich dessen zu erinnern, was sie von der spirituellen Welt in bestimmten Träumen wahrnehmen, und so löscht sich die Erinnerung an ihre Visionen aus. Es kommt jedoch vor, daß sie sich an bestimmte Passagen oder manchmal sogar an den ganzen Traum erinnern, doch meistens behalten sie nur einen bruchstückhaften Eindruck im Gedächtnis. Was die Seele selbst betrifft, so funktioniert dies ganz anders: Die engelhafte Seele vergißt nichts und wird auf ewig von den Gedanken und Eindrücken geprägt. Wenn jemand die Stufe der WAHRHEIT erreicht hat, erfaßt er mit seinem Wissen die Gesamtheit seiner Seele und erinnert sich damit an alles. Nach dem Tod, wenn die Vision der Seele nicht mehr von den düsteren Schatten nafsischer Wünsche und Begierden verdunkelt wird, erhalten bestimmte Personen, die einen ausreichenden Grad der Läuterung und der spirituellen Erkenntnis erlangt haben, die Berechtigung, sich zu erinnern. Was die anderen betrifft, haben sie ihre Grenzen und erinnern sich nur dem spirituellen Fortschritt entsprechend, den sie auf der Erde machen.

Spirituelle Träume müssen von einer Person gedeutet werden, die über echte hellsichtige Fähigkeiten verfügt, göttliche Informationen besitzt und dazu berechtigt ist[1]. In diesem Bereich genügen Verstand und Symbolkenntnisse nicht, sie sind nicht zuverlässig. Um solche Träume zu deuten, müssen wir Zugang zu ihrem Ursprung haben, denn der wirklich qualifizierte Traumdeuter ist in der Lage, hinter der Schilderung des Träumers die spirituellen Prozesse wahrzunehmen, die ausschlaggebend für den Traum waren.

Außerdem kann die Deutung eines spirituellen Traumes entscheidende Folgen haben. Schon aus diesem Grunde ist es ratsam, ihn einem wirklich qualifizierten Menschen, einem göttlichen Menschen[2], anzuvertrauen. Tatsächlich wirkt die Deutung eines Traumes auf den spirituellen Prozeß, den er repräsentiert. Wenn eine Person einen unangenehmen Traum hat und jemand diesen negativ deutet, besteht das Risiko, daß diese unheilvolle Deutung sich tatsächlich erfüllt. Dagegen betont ein göttlicher Mensch aufgrund seiner wohlwollenden Haltung die positiven Aspekte und mildert die negativen, wenn er Dinge deutet. Da seine Worte von den verantwortlichen spirituellen Autoritäten respektiert und gehört werden (je nachdem, wie der Grad seiner Nähe zu Gott ist), reicht ein Wort von ihm aus, um den Lauf der Dinge zu verändern. Doch wenn ein negativer Traum bereits von jemand anderem negativ gedeutet worden ist, unterläßt es der göttliche Mensch vielleicht, die Bedeutung dieses Traums auf eine positive Weise zu verstärken, und so geht uns der Segen aus dieser Gnade verloren.

Warnträume und die Wirkung von Opfergaben

Schwierige Schicksale werden manchmal im Zusammenhang mit früheren Leben geschickt, um für Fehler zu bezahlen, manchmal aus Gnade und zum Wohl der betroffenen Person. Doch wenn Gott einen Menschen liebt und es geschrieben steht, daß dieser Not oder harte Zeiten erleiden muß, erlaubt Seine Gerechtigkeit nicht, daß er dem entgeht. Damit ihm aber eine Milderung zuteil wird, wird dieser Mensch durch einen Traum vorgewarnt. Er hat einen schrecklichen Traum, und wenn er sich dessen bewußt wird, was passieren wird, und Gott eine Opfergabe bringt, wird sein Unglück abgemildert. Es ist eine außerordentliche Gnade, eine Warnung in einem Traum zu erhalten. Wir müssen wachsam sein und uns zudem ganz Gott zuwenden.

Der Sinn eines schrecklichen Traumes ist, deutlich zu machen, daß Gott ein Unglück abwenden möchte: Derjenige, der einen solchen Traum hatte, befindet sich unter dem Einfluß eines veränderlichen unglücklichen Schicksals, und es wird ihm angezeigt, daß er verhindern kann, daß sich dieses Schicksal erfüllt. Daher empfiehlt es sich, sofort nach dem Erwachen ein Bittgebet zu sprechen und eine Opfergabe oder Spende je nach Eingebung darzubringen. Eine Opfergabe, die sofort nach dem Erwachen gegeben wird, ist wesentlich wirkungsvoller als eine, die erst später gemacht wird.

Das Ziel dieser Träume ist also im allgemeinen eine Warnung, die Gott uns gibt. Seine Absicht ist es, daß sich unsere Aufmerksamkeit Ihm zuwendet, daß wir uns Seiner erinnern, damit Er Seinerseits uns seine Aufmerksamkeit zuwenden kann. Ansonsten braucht Gott weder unsere Opfergaben noch unsere Spenden.

Anweisungen, die im Traum gegeben werden

Es gibt auch ganz eindeutige und klare spirituelle Träume, die keiner Interpretation bedürfen. In diesem Falle sollten wir einfach danach handeln. Es kann uns passieren, daß wir im Traum einen Menschen sehen, der uns eine Anweisung oder einen Rat gibt. Die erste goldene Regel ist, diesem Traum nur dann zu gehorchen oder ihm irgendwelche Beachtung zu schenken, wenn er in Übereinstimmung mit den göttlichen Gesetzen steht. Falls die Anweisungen im Widerspruch zu den Gesetzen der WAHREN RELIGION stehen, dürfen wir nicht auf sie hören, selbst wenn Christus, Mohammad oder irgendein anderer echter Heiliger uns Anweisungen geben. In solchen Fällen handelt es sich nur um eine Täuschung oder um einen Test, denn ein Prophet handelt nie gegen die göttlichen Gesetze. Sind seine Worte aber im Einklang mit der Religion, dann müssen wir sie natürlich annehmen und die entsprechenden Schlüsse daraus ziehen.

Zudem sind die Voraussetzungen für die Gültigkeit eines Traumes mit materiellen Implikationen folgende:

− Wir sollten bei guter physischer und psychischer Gesundheit sein.

− Wir sollten uns nicht bereits schon vor dem Einschlafen mit der Idee beschäftigt haben, die der Traum zum Ausdruck bringt.

− Wir müssen über die materiellen Mittel verfügen, um die im Traum gegebenen Hinweise zu realisieren.

− Träume von Kindern, die noch nicht das verantwortliche[1] Alter erreicht haben, dürfen nicht in Betracht gezogen werden.

− Jede im Traum vorgeschriebene Opfergabe sollte präzise und genau definiert sein und nicht zweideutig und unklar.

Wenn alle diese Voraussetzungen erfüllt sind, dann müssen wir dem Traum Folge leisten. Doch wenn auch nur eine dieser Voraussetzungen nicht stimmt, besteht für den Träumer keinerlei Verpflichtung. Nehmen wir zum Beispiel einmal an, der Träumer ist intelligent, hat die Reife und das verantwortliche

Alter erreicht und verfügt über die materiellen Mittel, doch sein Traum ist zweideutig oder es fehlt ihm eine der hier aufgezählten Voraussetzungen, dann darf der Traum keine Berücksichtigung erfahren.

Außerdem muß der Traum auch im Rahmen des Vernünftigen bleiben. Wenn zum Beispiel jemand, der eine Familie ernährt, träumt, er soll als Opfergabe all sein Hab und Gut hergeben, dann ist dies nicht vernünftig, da er an das Wohlergehen seiner Familie denken muß, für die er verantwortlich ist.

Wenn alle hier aufgeführten Voraussetzungen erfüllt sind, ist es nicht mehr nötig, sich an eine qualifizierte Person zu wenden, es sei denn als Vorsichtsmaßnahme.

Wenn jemand einen schrecklichen Traum hat, der einen Freund betrifft, ist nichts dagegen einzuwenden, diesem zu sagen, er möge eine Opfergabe bringen, doch nur unter bestimmten Voraussetzungen, da ein Traum normalerweise nur den Träumer selbst betrifft. Zumindest sollte er im Traum die klare Anweisung erhalten haben, etwas Bestimmtes zu tun oder jemand Bestimmtem etwas Bestimmtes zu sagen, usw.

Der Meister hat gesagt: »Der Schüler muß sich Gottes Willen fügen. Und wenn es geschieht, daß ihm ein Traum mit der klaren Absicht gezeigt wird, eine Opfergabe darzubringen, dann sollte er sie bringen, sollte aber dabei sagen: ›Mein Gott, ich bringe dieses Opfer, doch ich füge mich Deinem Willen. Wenn es Dein Wille ist, möge es geschehen, wenn Du es nicht willst, so möge es nicht geschehen.‹ Und er sollte sie nicht in der Absicht geben, dadurch der Gefahr zu entgehen.«

Einige Symbole und Interpretationen

– Im Traum einen König, eine Königin, einen Fisch zu sehen, ist gut. Es bedeutet eine gute Nachricht für die Zukunft.

– Ein Traum, den wir während eines kleinen Mittagsschlafes haben, ist von großer Wirkung und selten ungenau.

– Im Traum zu sehen, wie sich die Farbe der Augen ändert, ist gut.

– Wasser bedeutet göttliche Gnade und Güte. Je reichlicher davon da ist, je reiner und klarer es ist, desto reiner und vollständiger, reicher und fruchtbringender wird Gottes Güte für diese Person, diese Gruppe oder diesen Ort ausfallen.

– Im Traum eine Frau zu sehen, besonders wenn diese Frau unehrenhaft ist, symbolisiert die niedrige Welt.

– Im Traum einen Mann in unpassender Aufmachung zu sehen, ist ein Zeichen des Glücks, wenn dieser Mann zu den Heiligen gehört, und ein Zeichen des Unglücks, wenn dieser Mann ein gewöhnlicher Mann ist.

– Wenn wir im Traum die spirituelle Person (Prophet, Heiliger, Meister oder spiritueller Lehrer), der unsere Liebe gehört, von einer schlechten Seite sehen, dann bedeutet dies, daß wir selbst diese schlechte Seite an uns haben. Was wir sehen, ist unsere eigene Projektion.

– Ein spirituell Reisender hatte im Traum gesehen, daß man ihn mit einem gelähmten Engel verglich. Der Meister hat gesagt: »Auf diesem Weg gibt es Menschen, die tugendhaft aus Gottesfurcht sind und nicht, weil es ihnen zur zweiten Natur geworden ist, so daß sie eine natürliche Abneigung gegen alles Böse empfinden. Somit ist der, der einen solchen Traum gehabt hat, nicht von sich aus in den engelhaften Rang gekommen, sondern er wurde dorthin geführt.«

Je intensiver die Inspiration eines Menschen wird, desto weniger sieht er im Traum.

Die Quintessenz der Religionen

Im Namen Gottes des Gnädigen, des Barmherzigen,
Wenn du in das Wesentliche der Religion eindringen willst,
Folge diesen Prinzipien und Überzeugungen:

Erstens, glaube ganz an Gott,
Der einzig und unsichtbar ist,
Der ohnegleichen ist und ohne Verbündeten
ohne Geburt und ohne Tod:
Das genügt, Ihn mit Gewißheit zu definieren.

Zweitens, sieh jedes Geschöpf, gleich welcher Epoche,
im Guten an, da kein Wesen schlecht erschaffen ist.
Handelt jemand schlecht, ist es die Tat, die schlecht ist.
Deine Pflicht ist es, dich anzustrengen, um zu verhindern,
daß derartige Taten sich wiederholen.
Es ist deine Pflicht,
die Menschen des Guten, wer immer sie sein mögen,
was immer ihr Rang sein mag,
als das anzusehen, als das sie bekannt sind.

Drittens, praktiziere für dich und für andere
zu allen Zeiten und allen Orten
das, was von den Weisen als gut angesehen wird,
und was unter den Menschen Ordnung und Frieden schafft,
was auf dem »RECHT« gegründet ist,
und was dem widerspricht, davon halte dich fern.

Was auch immer der Glaube sein mag,
den du angenommen hast,
solange er diesen Prinzipien nicht widerspricht,
sei er dir erlaubt,

doch unter der Bedingung, daß du mit Überzeugung
seine Gebote befolgst.

Nur 'Ali suchte und entdeckte das,
was in Wahrheit die Quintessenz der Religionen ist.

Dritter Teil

27. Die Erkenntnis

Die »Erkenntnis« zu haben, bedeutet, »die wahre Wirklichkeit« aller Dinge durch innere Vision zu sehen und zu verstehen. Dazu müssen wir Gott kennen, und nur der, der sein »Selbst« kennt, kennt Gott.

Die Grundlage aller Erkenntnis ist die spirituelle Erkenntnis. Alle Ideen existieren bereits in der metaphysischen Welt, und es genügt, sich des göttlichen Teils, der in jedem von uns ist, bewußt zu werden, um alles, was wir suchen, zu erkennen und zu verstehen. So verdanken die Wissenschaftler und Erfinder die meisten ihrer Entdeckungen plötzlichen Eingebungen oder unverhofften Umständen. Sie konzentrieren sich auf ein Problem, und nach einer gewissen Zeit erlangen sie die Fähigkeit, die Wahrheiten und Ideen zu erfassen, die sich in der metaphysischen Welt befinden. Natürlich bedarf es des nötigen Vorwissens und einer besonderen Disposition, um die Lösung des Problems, mit dem man sich befaßt, zu entdecken, obwohl in einigen außergewöhnlichen Fällen selbst das nicht nötig ist.

So wie wir bestimmte intellektuelle Fähigkeiten brauchen, um Probleme der materiellen Welt zu lösen, so sind bestimmte spirituelle Fähigkeiten Voraussetzung dafür, sich mit metaphysischen Problemen auseinandersetzen zu können. Seelen, die ein wenig fortgeschrittener sind, sind für die göttlichen Worte offen: Unbewußt fühlen sie ihre Wahrheit, während denen, die sich noch nicht für ihre spirituelle Bedeutung geöffnet haben, die gleichen Worte unverständlich oder sogar absurd erscheinen. Diejenigen, die ihre spirituellen Sinne entwickelt haben, sind wie Menschen, die hören können in einem Land von Tauben, und sie vermögen den Tauben nicht begreiflich zu machen, daß die Welt um sie herum nicht stumm ist.

Rein intellektuelles Wissen hängt nicht notwendigerweise mit spiritueller Reife zusammen. Die Seele eines großartigen Wissenschaftlers kann immer noch ganz am Anfang ihres spirituellen Weges sein. Auf der anderen Seite hat es große Propheten gegeben, die Analphabeten waren.

Wahre Wissenschaftler erkennen, daß, je weiter sie in ihrer Wissenschaft kommen, sie umso mehr das Gefühl haben, nichts zu wissen. Die materielle Wissenschaft ist nützlich und kann spirituell von großem Nutzen sein, wenn sie für humanitäre Zwecke eingesetzt wird. Doch sollten uns die Erfolge darin nicht derart faszinieren, daß wir darüber die göttliche Wissenschaft vergessen, das heißt all das, was dem Menschen erlaubt, sein Selbst zu erkennen, Gott zu erkennen. Alles Wissen wird uns von oben gegeben, doch die Menschen glauben, daß sie ihre Wissenschaft nur sich selbst verdanken. In der Vergangenheit wußten die Wissenschaftler noch, daß all ihr Wissen göttliche Gaben waren und daß sie die wesentlichen Antworten auf ihre Fragen durch ihre Verbindung zur metaphysischen Welt fanden.

Magie und Hexerei werden vielfach zu den teuflischen Wissenschaften gerechnet. In Wirklichkeit aber sind sie nur Wissenschaften wie alle anderen Wissenschaften, und alles hängt davon ab, wie sie eingesetzt werden. Nichtsdestotrotz wird den spirituell Reisenden nachdrücklich von ihnen abgeraten. Üblicherweise wird die weiße Magie von der schwarzen unterschieden, doch spirituell gesehen handelt es sich um ein und dieselbe Sache. Früher war die Magie eine Wissenschaft, doch mit der Zeit degenerierte sie zunehmend, derart, daß heute nicht mehr viel von ihr übriggeblieben ist. Was die Magie primitiver Völker angeht, so ist dies ein anderes Problem. Wir müssen nur wissen, daß der Weg, der zu dem EINEN, EINZIGEN führt, keinerlei Verbindung mit Magie hat. Auf jeden Fall neutralisiert derjenige, der sich der Vollkommenheit nähert, völlig die Kräfte der Magier, wie es zum Beispiel Moses tat, und keine Magie hat auch nur die geringste Wirkung auf ihn.

Die spirituelle Erkenntnis schließt alles andere Wissen mit ein. Für einen Menschen, der die Vollkommenheit erreicht hat, existiert nichts Unbekanntes mehr. Ein vollkommener Mensch kann die kompliziertesten Formeln jeder nur denkbaren Wissenschaft der Erde oder von anderswo kennen. Und wenn er nichts von diesen Kenntnissen enthüllt, dann deshalb, weil er dazu nicht die Weisung erhalten hat. Und genauso vollführt er auch keine Wunder ohne Weisung Gottes.

Je näher wir Ihm kommen, desto mehr nähern wir uns der Wahrheit, der Wirklichkeit und der »Logik«. Bei der Anwendung jeder physikalischen, chemischen oder sonstigen Formel ist eine Fehlerquelle enthalten, doch in der Schöpfung gibt es keine. Präzise Gesetze regieren ohne Ausnahme alle Geschöpfe. Wenn unser inneres Auge geöffnet ist, finden wir kein einziges Atom im Universum, das nicht von Ihm abhängt. Er ist überall, Er ist die Existenz selbst, wenn Er nicht wäre, existierte nichts. Da Gott überall ist, können das Irrationale, das Absurde und der Irrtum nicht existieren, außer in den Taten der verantwortlichen Wesen, die mit einem gewissen freien Willen ausgestattet sind, wie der Mensch. Je näher wir Ihm kommen, desto mehr verschwinden die Fehlerquellen, und wenn wir vollkommen sind, verstehen wir, daß eine vollkommene Harmonie in der gesamten Schöpfung herrscht.

28. Die Wunder

Das Wunder ist ein übernatürliches Phänomen, das ohne irgendein Hilfsmittel, ohne Vorbereitung oder sonstige Unterstützung nur durch göttliche Autorisation und durch einen simplen Willensakt vollbracht wird. Das Wunder ist eine außerordentliche Tat, die die Leute in ihrer eigenen Zeit nicht vollbringen können. Es ist möglich, daß in einer späteren Epoche scheinbar die gleichen Phänomene reproduziert werden, doch handelt es sich jetzt nicht mehr um Wunder, da sie durch Vorbereitung und mit technischen Hilfsmitteln zustandegebracht werden und nicht aufgrund eines reinen Willensaktes. (Zum Beispiel konnte mancher Heiliger quasi augenblicklich sehr große Distanzen zurücklegen; vielleicht wird dies zu einer anderen Zeit möglich sein, aber mit technischen Mitteln.)

Für die göttlichen Gesandten, die uns eine Botschaft Gottes überbringen, stellt das Wunder einen Beweis ihrer Authentizität dar. Eine Religion, die sich nicht auf Wunder stützt, ist nicht authentisch. Sonst wäre es für einen falschen Propheten einfach, die guten Prinzipien der verschiedenen Religionen zu übernehmen und sie dann als Offenbarungen auszugeben.

Wunder sind auch dazu bestimmt, den Leuten die Gewißheit zu geben, daß tatsächlich eine andere Welt existiert, um sie damit zu motivieren, dem rechten Weg zu folgen. Für die Ungläubigen sind die Wunder ein »göttlicher Beweis«. Doch für den spirituell Reisenden sind Wunder nicht nötig, weil er den Glauben hat und weil er auf dem WEG ist. Er lebt im Wunder.

Man muß unterscheiden zwischen den Wundern, die als Ursache das Wissen um gewisse noch unerforschte Kräfte der Natur und des Menschen und ihre Anwendung haben, und denen, die ein Geschenk Gottes sind und ein Mittel, Ihm zu dienen.

In jedem von uns stecken außerordentliche und von Natur aus sehr unterschiedliche Kräfte, die allgemein unter der Bezeichnung »schöpferische Kraft« zusammengefaßt werden können. Doch unterscheidet sich diese schöpferische Kraft von der, die echte Wunder hervorbringt, da sie Dinge schafft, die mit den Gesetzen der Natur erklärt werden können. Jeder Mensch ist ein Universum im Kleinen, und die Kräfte, die sich in der Natur finden, finden sich auch in ihm. Es ist ihm daher möglich, diese Kräfte zu beherrschen und sie für seine Zwecke einzusetzen, doch ist dies nicht immer das Zeichen für eine göttliche Kraft. Die Wissenschaft wird sich weiterentwickeln und eines Tages herausfinden, welches die Kräfte sind, die Wirkungen hervorbringen, wie bestimmte Heilungsprozesse oder die Aufhebung der Schwerkraft usw., und sie wird zu den gleichen Resultaten kommen.

Viele der sogenannten Wunder sind nichts anderes als die Früchte einer langen vorbereitenden Arbeit, die zum Ziel hat, bestimmte natürliche Kräfte, die in uns stecken, zu entwickeln, die Kontrolle über sie zu erlangen und sie zu steuern. Wenn über einen bestimmten Zeitraum entsprechende Übungen gemacht werden, können Leute lernen, sich lebendig begraben zu lassen und zu überleben, einen fahrenden Zug anzuhalten, mittels Gedankenübertragung zu kommunizieren, die Levitation zu beherrschen usw. Manche Leute fixieren sich auf eines dieser Ziele und unternehmen alles, nur um es zu erreichen. Wenn es erforderlich ist, tugendhaft zu sein, um das zu erlangen, was sie wollen, dann sind sie tugendhaft, und wenn sie üble Dinge tun müssen, dann tun sie dies auch. Sie handeln nicht um Gottes willen oder zu ihrem eigenen Wohl, sondern wollen etwas Außerordentliches leisten, um die Massen zu beeindrucken. Jemand, der seine Kräfte auf derartige Weise in der Öffentlichkeit zur Schau stellt, macht dies, um seine Nafs zu befriedigen, denn es ist der Wunsch nach Macht, der ihn dazu getrieben hat, diese »Heldentaten« zu vollbringen, und es ist sein Stolz, der ihn veranlaßt, sie öffentlich zu zeigen. Zu lernen, sich lebendig begraben zu lassen oder zu levitieren, gehört in den psycho-physischen Bereich und führt zu nichts. Meistens bleibt das Ergebnis auf eine bestimmte Leistung beschränkt und bedarf langer Vorbereitungen. Jedenfalls bleibt nach dem Tod nichts von diesen Kräften mehr übrig für den, der sie praktiziert hat, und er erhält nicht einmal eine Belohnung dafür. Man trifft diese »Wundertäter«, die eine Karrikatur echter spiritueller Werte darstellen, beinahe überall an, insbesondere in Indien. Es gibt aber auch viele echte Asketen, deren Ziel die Vervollkommnung der Seele ist, und die sich entschieden haben, fernab von allem an verstecken Orten zu leben, obgleich es nicht nötig ist, sich von der Welt zurückzuziehen, und es einen viel größeren Wert hat, auf dem spirituellen Weg mitten unter unseren Mitmenschen weiterzukommen.

Eine große Zahl von gläubigen Menschen kann, wenn sich ihr Herz im gemeinsamen Gebet vereinigt, wahre Wunder vollbringen. Dies ist deshalb möglich, da ein jeder von uns einen göttlichen Teil in sich trägt und die Vereinigung all dieser göttlichen Teile eine große Energie erzeugt. In gleicher Weise kann unter der Wirkung von Frost die Vereinigung der Kräfte winziger Wassertropfen einen ganzen Felsen sprengen.

Viele kommen auch zusammen, um ihre geistigen Kräfte für ein materielles Ziel und nicht in reiner Absicht zu konzentrieren, doch die Ergebnisse, die sie erhalten, sind nicht von gleicher Natur wie die Wunder, die aus der Kraft der Liebe und des Glaubens entstehen, die die wahren Gläubigen vereint.

Wenn an Pilgerorten echte Wunder geschehen, dann nicht nur deshalb, weil diese Plätze besonders privilegiert sind, sondern auch, weil die Atmosphäre, die durch diese Akkumulation von Energien entsteht, Wunder begünstigt. Manche heiligen Plätze sind von einer Kraft durchdrungen, die zu dieser Akkumulation von Energien noch hinzukommt und die Wunder und die Verbindung mit der spirituellen Welt erleichtert. Es ist sogar möglich, daß ein Ort aus sich schon ein Wunder vollbringt, da ein Platz, an dem ein Heiliger seine Spuren hinterlassen hat, von einem Geist behütet wird, dessen Aufgabe darin besteht, zwischen den Pilgern und dem Heiligen eine Verbindung herzustellen. Das Wesen eines Ortes spielt also eine Rolle, doch gleiche Resultate können auch anderswo erzielt werden. Der Boden, das Klima, die geographischen Bedingungen sind von Bedeutung, doch der göttliche Wille herrscht über allem, und ein großer Heiliger kann einen unheilvollen Ort in einen positiven Platz verändern, wenn er will. Tatsächlich ist ein Mensch, der den Zustand der Vollkommenheit oder einen höheren spirituellen Rang erreicht hat, mit einer solchen Kraft begabt, daß er überall, wo er hinkommt, seinen guten Einfluß hinterlassen kann, mal stärker, mal schwächer, ganz nach seinem Willen. Da unsere Taten andererseits von allem, was uns umgibt, festgehalten und aufgezeichnet werden, tragen manche Orte die Spuren unerfreulicher Ereignisse oder schlechter Handlungen, und wir können den unangenehmen Einfluß spüren, der von ihnen ausgeht. Dennoch können solche Orte, da die göttliche Kraft alles beherrscht, durch Gebete und Andachtsübungen gereinigt werden.

So wie ein Ort von einer spirituellen Kraft durchdrungen sein kann, so kann auch ein Gegenstand von dieser Kraft erfüllt sein. Menschen von sehr hohem spirituellen Rang können einem Gegenstand solche Eigenschaften vorübergehend oder für immer verleihen.

Menschen, die vollkommen oder von hohem spirituellen Rang sind, verfügen über alle Kräfte, ohne diese gesucht zu haben und ohne daß sie der Vorbereitung oder bestimmter Voraussetzungen bedürfen. Mit einem bloßen Willensakt können sie Wesen erschaffen, die ihnen gleichen, und sie an mehrere Orte gleichzeitig schicken. Doch sie tun nichts, wenn sie nicht mit einer göttlichen Mission beauftragt worden sind, denn ohne Gottes ausdrückliche Weisung überschreiten sie nicht das Gesetz der Kausalität, das alle natürlichen Phänomene regiert. Die, die an ihrer Vervollkommnung arbeiten, bemerkt man nicht. Sie sprechen nicht darüber, geben sich nicht zu erkennen und haben auch keine Lust dazu, dies zu tun, es sei denn, sie erhalten die Aufforderung oder den Auftrag dazu. Je näher man Gott kommt, desto bescheidener und zurückhaltender wird man.

29. Die wahren Wunder

Ein Prophet ohne Wunder ist kein Prophet. Sonst wäre es einfach, sich selbst als Prophet zu bezeichnen, heilige Bücher zu schreiben, zu predigen. Gott hat überdies jedem göttlichen Gesandten eine gewisse Kraft verliehen und die Fähigkeit, Wunder zu vollbringen. Alle Propheten und göttlichen Gesandten waren sich dessen bewußt, daß ihnen diese Fähigkeit gegeben war und kein menschliches Talent darstellte. Darum ließen sie niemals ein Wunder geschehen, ohne zu sagen »auf Gottes Geheiß«.

Das Wunder geht immer über die Grenzen eines Bereiches hinaus, in dem die Menschen, an die es sich wendet, bereits herausragende Leistungen vollbringen. Zur Zeit des Moses war es beispielsweise die Magie, zur Zeit Mohammads die Kunst der Rede.

Ein echtes Wunder ist mit Naturgesetzen nicht zu erklären, und weder Wissenschaft noch Magie vermögen dies. Die Wunder der Propheten überschreiten die Gesetze, die Gott für die Schöpfung aufgestellt hat, und können ohne Seine Weisung nicht vollbracht werden. Moses ließ, ohne dies gelernt zu haben, durch einen bloßen Willensakt von seiner Hand einen Lichtstrahl kommen, und sein Stab nahm die Gestalt einer Schlange an, wann immer er es wollte. Niemand konnte sich mit ihm messen. Den Hexenmeistern des Pharaos gelang es zwar nach langen Vorbereitungen, Schlangen erscheinen zu lassen, doch die von Moses verschlang sie alle. Damit standen die Magier angesichts der Kraft Moses' hilflos da, denn seine Fähigkeit kam von Gott, während sie ihre Kraft nur dadurch erhielten, daß sie die Naturgesetze in bestimmter Weise anwendeten. Die

Hexenmeister erkannten allesamt die Kluft, die ihre Künste von der göttlichen Kraft Moses' trennte, und sie unterwarfen sich ihm und konvertierten zu seiner Religion.

Ebenso vollbrachte Jesus Christus zahlreiche Wunder. Er war Arzt für den Körper und die Seele. Die Zweifler und seine Gegner suchten nach unheilbaren Fällen, um ihn auf die Probe zu stellen und sich von der Authentizität seiner Wunder zu überzeugen. Tote auferstehen zu lassen, einem tönernen Vogel Leben einzuhauchen, einen von Geburt an Blinden sehend zu machen, unheilbare Krankheiten zu heilen und vieles andere mehr, was Christus tat, waren die echten Wunder. Niemand kann eine Seele in ihren Körper zurückkehren lassen ohne die Erlaubnis und die Kraft Gottes. Niemals wird die Wissenschaft einen Toten zum Leben wiedererwecken können, da der Tod irreversibel ist, wenn erst einmal die Verbindung zwischen der engelhaften Seele und dem Körper unterbrochen ist. Weder die Natur noch die Wissenschaft können daran etwas ändern. Nur der göttliche Wille kann das Leben zurückbringen.

Das größte der von Mohammad vollbrachten Wunder war der Koran. Zu seiner Zeit waren die arabische Sprache und Literatur auf ihrem Höhepunkt angelangt. Doch obwohl Mohammad Analphabet war, übermittelte er den Koran, der, nur von der Form her betrachtet, das größte Meisterwerk der arabischen Sprache ist. Es brauchte ein über jeden Zweifel erhabenes Zeichen, um die Feinde des Propheten zu widerlegen, die die Authentizität des Heiligen Buches leugneten. So steht im Koran geschrieben: »Wenn ihr das Buch bezweifelt, das Unserem Diener offenbart wurde, so bringt doch nur eine Sure oder einen Vers gleich denen hervor, die darin enthalten sind.« (II, 23). Selbst die größten Gelehrten und Dichter waren nie in der Lage, auch nur einen einzigen Vers zu verfassen, der einem Vers aus dem Koran gleichkommt. Deshalb vermochte man niemals auch nur einen Satz zu ändern oder hinzuzufügen, selbst wenn einigen zufolge das Heilige Buch um einige Passagen gekürzt worden ist. Der Koran Mohammads ist ein wahres Wunder, da er nur durch göttliche Inspiration erreicht oder interpretiert werden kann.

Die Heiligen und Propheten können Wunder nur vollbringen, indem sie sich an den wenden, der sie mit ihrer Mission betraut hat. So vollbrachten die Apostel ihre Wunder im Namen Christi. Nur die **Vali,** die die ABSOLUTE ESSENZ widerspiegeln, können jedes Wunder, das sie wollen, direkt, ohne Mittler vollbringen, denn es ist die göttliche ESSENZ, die alle Wunder vollbringt, und diese ESSENZ ist in ihnen, entweder »als Gast« oder »als ihr eigen«.

Die **Vali** sind göttliche Menschen, die insbesondere den esoterischen Aspekt der Religion lehren und im allgemeinen nicht den Auftrag haben, universelle Wunder zu vollbringen. Sie manifestieren ihre Wahrheit durch ihr Charisma und durch Offenbarungen. Für Eingeweihte ist ihre Existenz als solche schon ein Wunder. Die Zeiten, in denen sich die Propheten an alle wandten und Wunder für alle vollbrachten, sind vorbei. In unserer heutigen Zeit würden ihre Wunder niemanden mehr in Erstaunen versetzen, da der Grad des Staunens, den sie hervorrufen, von der jeweiligen Zeit, den Verhältnissen und dem geistigen Entwicklungsstand abhängig ist. Die Zeiten für diese Art von Wundern sind vorbei. Die Menschen haben sich derart verändert, daß diese Wunder sie nicht mehr dazu brächten, an Gott zu glauben oder Ihm zu gehorchen, ja sie könnten sogar eine negative Wirkung erzeugen. Die Menschen können den Spuren der Heiligen nicht mehr blindlings folgen, denn sie haben das Bedürfnis, zu verstehen, das Ziel zu kennen, das Wie und das Warum, bevor sie sich auf den WEG einlassen.

Das wahre Wunder unserer Zeit ist die **göttliche Wirkung:** Wenn ein Mensch kraft seiner bloßen Anwesenheit, seines Blickes oder seines Wortes in einem anderen den Glauben weckt und ihn dazu inspiriert, dem rechten Weg zu folgen, dann ist dies ein echtes Wunder. Wenn ein zweifelnder Mensch einen Meister oder beauftragten spirituellen Lehrer über Gott und nur über Gott sprechen hört, ohne daß ihm Vergnügungen oder materielle oder spirituelle Macht in Aussicht gestellt werden, und dieser Mensch dann daraufhin lieber auf alles verzichtet, als sich von Ihm, von Gott, zu entfernen, dann ist dies ein echtes Wunder. Der Glaube ist eine Sache, über die man nicht streiten kann, die man nicht erklären oder nachmachen kann. Daß ein ungläubiger Mensch oder ein Sünder aufgrund eines einzigen Wortes von Glauben erfüllt werden kann, zeugt von einer göttlichen Kraft. Darin besteht die eigentliche Essenz vom Wirken des Wunders: Es berührt das Herz und erweckt die Seele.

30. Die Religionen

Alle Religionen haben dieselbe Grundlage: Sie bestätigen die Existenz des EINEN GOTTES, die Rückkehr zum URSPRUNG, das ewige Leben in der anderen Welt, die Wirklichkeit des letzten GERICHTES und noch weitere Wahrheiten. Sie stützen sich auf die Wunder der Propheten, definieren die Verantwortungen, bezeichnen die Pflichten usw.

Alle Religionen sind im Grunde genommen nur eine, denn Gott ist einer. Seine göttlichen Gesandten haben ihr Wissen aus der gleichen Quelle bezogen und haben die gleichen grundlegenden Gebote erhalten. Die Religionen der Propheten ergänzen sich, und es bestehen keine Widersprüche oder Abweichungen zwischen ihren Grundprinzipien. Einzig die Erweckung unserer spirituellen Fähigkeiten gibt uns Einsichten in die Religion, das Wesen der Propheten und die Quelle, aus der sie ihre göttlichen Aufträge und Offenbarungen erhielten.

In einer wahren Religion gibt es immer eine exoterische und eine esoterische Seite. Das wichtigste Ziel der Propheten war es, der Welt die esoterische Seite nahezubringen, da die Exoterik nur eine vorbereitende Stufe auf die Esoterik darstellt.

Gott ist einzig und die Gesetze der Vervollkommnung sind für alle die gleichen. Doch die Religion Gottes und der Propheten hat sich in die »Religionen der Menschen« verwandelt. Die »Religionen« sind in verschiedene Zweige unterteilt, die wiederum aus einzelnen Sekten bestehen, ganz zu schweigen von den falschen Religionen und den Pseudo-Meistern, die überall auftauchen und wieder verschwinden, ohne dauerhafte Spuren zu hinterlassen. Der Grund für diese Divergenzen, Streitereien und Spaltungen liegt im allgemeinen im Gebrauch der Religion für materielle Zwecke, das heißt für die Befriedigung der Wünsche und Leidenschaften des dominierenden Selbst unter dem Deckmantel der Spiritualität. Unter dem Einfluß der Indoktrination durch die religiösen Autoritäten sind die Gläubigen überzeugt, daß einzig ihre eigene Konfession die Wahrheit enthält und daß die anderen im Irrtum sind. Einige gehen sogar so weit, zu behaupten, daß nur Anhänger ihrer Religion gerettet werden, was absurd ist. Denn wenn es einen gerechten Gott gibt, was geschieht dann mit denen, die nicht einmal eine Religion kennengelernt haben? Was ihre Beschreibungen der anderen Welt betrifft, so lassen sie die symbolische und esoterische Bedeutung der HEILIGEN SCHRIFTEN außer acht. Sie beschränken sich auf deren wörtlichen Sinn, in den sie ihre eigenen Wünsche und Begierden hineinprojizieren. Bei anderen Gelegenheiten machen sie nur einige vage Anspielungen auf ein vermeintliches Glück, das die Seele nicht berühren kann, da es sich um viel zu blasse und entstellte Wahrheiten handelt.

Dazu konnte es nur kommen, weil der innere, esoterische Aspekt der Religionen vergessen wurde und man keine Vorstellung von der Wahrheit und dem Wissen hat, die sich hinter der Exoterik verbergen. Die Esoterik betrifft die Gesetze der Vervollkommnung der engelhaften Seele, die unsterblich ist, und die Exoterik in der Hauptsache das irdische Leben. Es ist offensichtlich, daß sich der exoterische Aspekt der Religionen mit den Epochen, den Kulturen und Zivilisationen ändert. Daher ist es ganz normal, daß die Leute, die nur die Exoterik praktizieren, Unterschiede in den Religionen finden. Dagegen ist die Esoterik immer dieselbe. Diejenigen, die sich bemühen, ihren Prinzipien Folge zu leisten, unterwerfen sich denselben Gesetzen und erkennen, daß es keine fundamentalen Unterschiede zwischen den Religionen gibt. Sie wissen, daß alle großen göttlichen Gesandten wie Zarathustra, Buddha, Moses, Jesus oder

Mohammad von Ihm entsandt wurden, und daß es im Hinblick auf die Esoterik zwischen ihnen keine Widersprüche gibt. Nur haben sich einige mehr als andere bemüht, daraus eine Lehre zu entwickeln.

Was die Riten, die Gebete, das Fasten, die sozialen Beziehungen usw., das heißt die Exoterik angeht, gibt es natürlich Abweichungen. In einer höher entwickelten Zivilisation, in der jeder aus sittlichem Bewußtsein und aus bürgerlicher Pflicht heraus die Gesetze respektiert und weiß, daß man nicht töten, stehlen, lügen soll, kann auf einen großen Teil der exoterischen Gesetze verzichtet werden. Wenn das Ziel der Religionen nur das materielle und soziale Wohlergehen wäre, wären politische Ideologien auch Religionen. Und wenn gewisse Machthaber in ihrer Gesellschaft wirklich die Gleichheit erreicht hätten, wie sie es vorgeben, dann stünden sie höher als die Propheten.

Es ist daher wichtig, zu wissen, was das wahre Ziel der Religion ist. Die Religion ist im wesentlichen für die Vervollkommnung der Seele erschaffen worden. Doch da es zur Zeit der Propheten keine besseren Gesetze als die der Religion gab, um Gerechtigkeit, Ordnung und sozialen Frieden zu etablieren, hat jeder Prophet, der Überbringer eines Heiligen Buches war, auf seine Bitte hin eine gewisse Anzahl von Gesetzen und Regeln erhalten, die zu seiner Epoche paßten. Einige dieser Gesetze sind heute noch anwendbar. Dagegen sind den Propheten die esoterischen Prinzipien, die zu allen Zeiten Gültigkeit haben, in Form einer Lehre zur Vervollkommnung der Seele offenbart worden. Mit zunehmender Zivilisierung der Gesellschaft basieren die Gesetze nicht mehr auf der Religion, sondern auf dem bürgerlich-moralischen Gewissen.

Wenn die Religion nicht ein echtes spirituelles Ziel hat, dann ist sie nichts anderes als eine politische Partei, deren Ziel es ist, daß jeder ruhig und zufrieden ist, gut ißt, gut schläft usw. Heutige religiöse Lehren sind auf Abwege geraten: Die Idee von der

Vervollkommnung der Seele ist verlorengegangen, und es wird nur noch die soziale Moral gelehrt. Es wird uns gesagt, daß wir auf der Erde sind, um gut zusammenzuleben, man hält die Leute dazu an, einfach nur gute Bürger zu sein, die Gesetze zu respektieren usw. Das einzige, was eine solche Religion lehrt, ist Disziplin.

Die Lehre der spirituell Reisenden und der authentischen Heiligen stand am Anfang bestimmter entwicklungsfähiger Stadien der Religion, insbesondere im Bereich der Esoterik. Dies war der Fall bei den Essenern im Judentum und bei den Sufis im Islam, wie auch bei vielen anderen Gruppen, die es in allen Religionen gegeben hat, die die Grundgebote befolgten und gleichzeitig ergänzende Riten und Gebete praktizierten. Diese Gruppen oder Schulen wurden als Sekten bezeichnet, doch hatte dieser Begriff noch nicht die abwertende Bedeutung, wie er sie heute hat. Tatsächlich grassiert in unseren heutigen Tagen eine neue Welle, die schlimmer als jeder Unglaube ist: das Auftauchen neuer »Religionen«, neuer »Propheten«, Pseudo-Meister usw., die sich alle der Mittel der Werbung und Publicity bedienen und von der spirituellen Unwissenheit der Leute profitieren. Ihr Anliegen hat nichts mit dem wesentlichen Ziel der Religion zu tun. Das einzige Mittel für den spirituell Suchenden, dieser gefährlichen, ja sogar verhängnisvollen Falle für die Seele zu entkommen, ist, Gott um Seiner selbst willen zu wollen und zu lieben und nicht, um die Wünsche und Begierden des dominierenden Selbst zu befriedigen.

Um beurteilen zu können, ob eine Religion oder ein esoterischer Weg offenbart oder von Menschen erfunden wurde, muß man prüfen, ob sich nicht Widersprüche darin finden lassen. Wenn der Mensch nicht in direktem Kontakt mit dem Wahren steht, versucht er, seine Unwissenheit zu kaschieren, indem er mit den Worten spielt, doch ist er zu schwach, um sich nicht zu widersprechen. Hätte man dagegen alles vor Augen, was die göttlichen Gesandten wie Moses, Zarathustra, Buddha, Jesus oder Mohammad und die authentischen Heiligen wirklich gesagt haben, fände man keine Widersprüche in ihren Lehren, da sie alle ihr Wissen aus der gleichen Quelle bezogen. Sie widersprechen sich nicht, sondern ergänzen einander. Wenn Streitigkeiten und Meinungsverschiedenheiten unter den Adepten dieser verschiedenen Religionen bestehen, dann deshalb, weil die Sicht auf das Wesentliche verlorengegangen ist und die Religion der Propheten nicht mehr praktiziert wird, sondern die »Religion der Menschen«.

31. Die verschiedenen Ebenen der Religion

Jede Offenbarungsreligion umfaßt zwei Seiten: die esoterische Seite und die exoterische Seite. Die erste Seite betrifft die Spiritualität und das Wissen um die Gesetze des Jenseits, die uns auf dem Weg der Vollkommenheit leiten. Die zweite Seite betrifft die Achtung der Rechte und die moralische Läuterung, die die Ordnung und den Frieden in der Gesellschaft erzeugen und auf die esoterischen Stufen vorbereiten.

Jede Religion enthält einerseits die fundamentalen Prinzipien für die Vervollkommnung der Seele und andererseits zusätzliche Elemente. Wenn sich nur die »Hinzufügungen« änderten, so bestünde die Religion trotz allem weiter. Doch wenn die Prinzipien sich ändern, verliert sie ihren ganzen Wert und ihre spirituelle Wirkungskraft. Mit der Erschaffung Adams, des ersten Menschen, der auch der erste Prophet war, wurden auch die Prinzipien des Wissens über Gott und die Mittel, zu Ihm zu gelangen, festgelegt. Seitdem wurden diese Prinzipien von den beauftragten Gesandten mit unterschiedlichen Mitteln und »Hinzufügungen«, die sich je nach Zeit und Ort änderten, gelehrt.

Die Religion ist mit einer Mandel vergleichbar, die von einer Schale geschützt wird; sie hat einen inneren und einen äußeren Teil. Das Ziel ist es, an die Mandel zu kommen, und dazu muß die Schale geknackt werden. Doch die Zahl derer ist groß, die nur die Schale sehen und nicht einmal etwas von der Existenz der Mandel ahnen.

In jeder wahren Religion gibt es vier Stufen: eine entspricht der Exoterik, die anderen entsprechen der Esoterik.

1. Auf der Ebene der Exoterik (das GESETZ) lernen wir Gehorsam und Disziplin; wir stärken unseren Willen; wir meiden, was verboten ist, und praktizieren, was vorgeschrieben ist; wir lernen, die Sünden und die guten Taten (»Malus« und »Bonus«), das Unerlaubte und das Erlaubte, zu unterscheiden; wir erfüllen die Riten, ohne nach Erklärungen zu suchen. Diese elementare Stufe entspricht der Welt und dem Zustand der materiellen Existenz. Wenn eine Person diese Stufe erst einmal durchlaufen hat, empfindet sie eine natürliche Abneigung gegen niederträchtige Handlungsweisen. Die Exoterik ist nicht der WEG, sondern die vorbereitende Stufe oder die Eingangspforte. Wenn wir den Willen und die Disziplin erlangt haben und einen ausreichenden Grad an spiritueller Reife, dann sind wir bereit, uns der Stufe der Esoterik zuzuwenden. Die Tore des Weges öffnen sich. Derjenige, der dieses vorbereitende Stadium nicht in seinem gegenwärtigen oder in einem vergangenen Leben durchschritten hat, interessiert sich normalerweise nicht für die Esoterik oder versteht sie nicht. Dagegen schenkt derjenige, dessen Seele die Essenz der Exoterik in einer authentischen Religion in sich aufgenommen und verarbeitet hat, sein Gehör den esoterischen Wahrheiten, und diese Wahrheiten werden in ihm Resonanz finden.

2. Mit der Eingangsstufe der Esoterik (der WEG) beginnen wir unseren Weg. Auf dieser Stufe wird der spirituell Reisende sich seines dominierenden Selbst bewußt, und über die Beachtung der Gesetze der Exoterik hinaus erlauben ihm andere, viel feinere Vorschriften, gegen das dominierende Selbst zu kämpfen und es besser zu erkennen. Diese Vorschriften stehen niemals im Widerspruch zu den echten exoterischen Gesetzen.

Diese Ebene entspricht der engelhaften Welt. Am Ende dieser Stufe verliert die materielle Welt ihre Attraktion. Der spirituell Reisende beherrscht seine Leidenschaften. Er unterliegt keiner Versuchung mehr. Er ist in einem engelhaften Zustand.

3. Auf der folgenden Stufe (die ERKENNTNIS) gewinnen wir die Erkenntnis über unser Selbst und kennen unseren Schöpfer, da der Schlüssel zum Wissen über Gott und über alles, was uns umgibt, in uns ist. Der Glaube wird zur Gewißheit. Der spirituell Reisende gelangt in einen Zustand, in dem er die göttliche Kraft fühlt.

4. Die letzte Stufe schließlich (die WAHRHEIT) ist die Welt des WAHREN, von der aus wir die Schwelle zur Vollkommenheit überschreiten. Wir vergessen unser Ich, wir sehen nur noch Gott, wir sind ein Tropfen, der sich mit dem göttlichen Ozean vereint und dennoch seine Identität beibehält, und wir haben mit dieser Welt hier unten nichts mehr zu tun. Der spirituell Reisende erlangt das Bewußtsein der Göttlichkeit.

Nach dieser Welt gelangt der spirituell Reisende in das Reich der KONTEMPLATION. Er ist in der Welt und im Zustand der Ekstase. Auf diesem Abschnitt gibt es noch drei weitere Stufen, um zur Vollkommenheit zu gelangen. Diejenigen, die das erreicht haben, haben berichtet, daß sie von unbeschreiblicher Schönheit sind und daß selbst die Vorstellungskraft sie nicht erfassen kann: Man muß dorthin kommen, um zu wissen, wie es ist.

Auf den Stufen der Erkenntnis und der Wahrheit gibt es keine Unterschiede mehr zwischen den Religionen, weil die scheinbaren Abweichungen, die sich in der Exoterik noch zeigen, auf diesen höheren Ebenen verschwinden. Was auch immer die ursprüngliche Religion war, diejenigen, die auf die Stufen der Erkenntnis und der Wahrheit gelangen, verhalten sich auf die gleiche Weise, praktizieren die religiösen Gebote auf die gleiche Art und haben die gleiche spirituelle Sichtweise.

32. Die Wiederkunft

Die ›Wiederkunft‹ ist ein Ausdruck für die Manifestation der göttlichen Essenz. Es gibt drei Formen der Wiederkunft: die allgemeine, die der »Elite« und die der »Elite der Elite«.

1. Die **allgemeine Wiederkunft** ist die, die alle Religionen ankündigen. Wenn sie stattfindet, wird auf der ganzen Erde die absolute Gerechtigkeit mit Mitteln erreicht, die die menschlichen Kräfte zu übersteigen scheinen, und jeder wird nach seinen Verdiensten davon einen Vorteil haben.

Diese »Wiederkunft« wird sich über die gesamte Menschheit ausbreiten, die damit das goldene Zeitalter kennenlernen wird, das von den Religionen versprochen und von den meisten Gläubigen seit langem erwartet wird. Der Wiederkunft gehen verschiedene Warnzeichen voraus: das vermehrte Auftreten falscher Messiasse unter verschiedensten Bezeichnungen, eine Abschwächung des Glaubens, die Degeneration der Religionen, der Verlust fundamentaler Wahrheiten, die Ausbreitung von Agnostizismus und Atheismus, Krieg und Blutvergießen, Verfolgungen, Krankheiten, Hungersnöte, wirtschaftliche Depression, Gier, Mißgunst, Gleichgültigkeit der Gefühle, Haß, Lüge, Niedertracht, Unzucht usw. Eine gewisse Zahl dieser Zeichen ist bereits aufgetaucht.

Nach dieser totalen Krise wird der Gesandte der allgemeinen Wiederkunft auf der Erde erscheinen. Den einzelnen Religionen zufolge ist dieser Gesandte ihr eigener Prophet oder einer ihrer Heiligen, der Frieden und Gerechtigkeit regieren lassen und von allen erkannt werden wird. In Wirklichkeit aber handelt es sich um ein und dieselbe Essenz, die den Auftrag haben wird, die allgemeine Wiederkunft zu erfüllen. Dank ihrer Gegenwart auf der Erde werden Ungerechtigkeit und Lüge mit den Mitteln der menschlichen Wissenschaft ausgemerzt werden. Die Rechte eines jeden werden respektiert werden, und jeder wird bekommen, was er verdient. Die Wissenschaft wird den Beweis über die Existenz Gottes erbracht haben und die spirituellen Gesetze entdeckt und bestätigt und damit den religiösen Polemiken ein Ende gesetzt haben. Nur die Religion des WAHREN wird bleiben, doch ist es den Menschen freigestellt, sie auszuüben oder nicht.

Wir dürfen nicht erwarten, daß dieser Gesandte von allen erkannt wird. Er wird nur von einer kleinen Zahl von Leuten, die die Reinheit des Herzens und eine ausreichende spirituelle Reife erlangt haben, erkannt werden. Diese werden einen wirklich segensreichen Nutzen aus seiner Gegenwart ziehen. Auch wenn wir wissen, daß Gott überall ist, so wird Er dennoch nur von denen gespürt und gesehen, die die innere Vision besitzen.

2. Die **Wiederkunft der Elite**: Ganz gleich, in welcher Form oder unter welchem Namen Gott sich manifestiert, zu allen Zeiten und an allen Orten hat der wahre spirituelle Reisende die Möglichkeit und die Pflicht, Ihn zu erkennen und aus Seiner Gegenwart Nutzen zu ziehen.

3. Die **Wiederkunft der »Elite der Elite«**: Das ist der Zustand eines echten spirituell Reisenden, der vom WAHREN erleuchtet wird, sei es durch Gottes Gnade, sei es dank seiner Läuterung und besonderer göttlicher Zuwendungen.

Da die allgemeine Wiederkunft zu einem Zeitpunkt stattfinden wird, der uns unbekannt ist, und überdies die Prophezeiungen selbst zu verschiedenen Deutungen Anlaß geben, lassen die spirituell Reisenden alles, was ungewiß ist, beiseite und wenden sich dem Naheliegenden zu. Das heißt, sie bemühen sich, die innere Vision zu erlangen, die ihnen erlaubt, Gott und Seine

Manifestationen zu erkennen, ohne dieses verheißene Ende der Welt abwarten zu müssen. Für sie ist die Wiederkunft eine allgegenwärtige Wirklichkeit, da es auf der Erde immer ein Wesen, den **Vali,** gibt, der die göttliche Kraft spiegelt.

33. Die göttlichen Gesandten

Ein Mensch, dessen Seele gesund und aufgeschlossen ist, hat das Verlangen, die Wahrheit zu entdecken. Seine Seele sehnt sich danach, die fundamentalen Fragen der Existenz zu lösen und Mittel zu finden, zum WAHREN zu gelangen. Gott hat die Propheten geschickt, um Seine Gebote und Seine Gesetze zu offenbaren. Die Propheten weisen uns den wahren Weg, und unsere Bemühungen, ihren Lehren zu folgen, helfen uns, die Fragen zu lösen, die unseren Ursprung, unsere Existenz und unsere Bestimmung betreffen.

Zarathustra war ein Prophet mit einer universellen Mission, Überbringer der Offenbarung. Von Gott schon als Kind auserwählt, wurde er nach und nach bekannt. Er hatte göttliche Eingebungen, und die Botschaften, die er empfing, wurden in einem Buch aufgezeichnet, dessen Original verschwunden ist. Er war Monotheist, bestätigte die Existenz der spirituellen Welt und des Jüngsten Gerichts und lehrte von den beiden Kräften, die in jedem von uns vorhanden sind: das Gute (Ahuramazda) und das Böse (Ahriman). Die erste Kraft ist mit der engelhaften Seele vergleichbar und die zweite mit der Nafs. Er wußte auch, daß die Seele aufeinanderfolgende irdische Leben hat, und sagte, daß sich in jeder dieser Existenzen Ahuramazda und Ahriman in einem beständigen Kampf gegenüberstehen. Wir müssen der ersten Kraft helfen, die zweite vollkommen zu beherrschen. Sobald wir Ahriman beherrschen, ist die Vollkommenheit erreicht, und die engelhafte Seele kann sich mit der ewigen Welt vereinigen.

Er verglich das, was er von den Manifestationen Gottes

wahrnahm, mit dem funkensprühenden Licht des Feuers. Er warf sich anbetend vor diesem Symbol der göttlichen Manifestation nieder, und einige, die dies nicht richtig verstehen konnten, glaubten, man müßte das Feuer anbeten. Er empfahl seinen Schülern, allen Geschöpfen wohlwollend gegenüberzutreten und andere so zu behandeln, wie sie gerne selbst behandelt werden wollten. Seine Devise hieß: »Gutes sagen, Gutes tun, Gutes denken.«

Buddha war wie Zarathustra ein Prophet mit einer universellen Mission, der seit seiner Kindheit von Gott bestimmt worden war und ebenso allmählich bekannt wurde. Wie im Falle Zarathustras wurden die Worte, die Gott ihm eingab, von seinen Schülern in Schriften gesammelt, die verschwunden sind. Er stand mit Gott und der spirituellen Welt hauptsächlich über die Meditation in Verbindung und erhielt die Antwort und die Lösung auf seine Fragen durch göttliche Botschaften. Wie Zarathustra verkündete er rechtes Denken, rechtes Sprechen und rechtes Handeln. Er kannte die Gottheit, die spirituelle Welt, die Ewigkeit der Seele, die aufeinanderfolgenden Leben, doch wenn er nach der spirituellen Welt befragt wurde, sagte er nur: »Ihr werdet es wissen, wenn ihr dort sein werdet.« Er lehrte seine Schüler die Kontemplation des Lichtes, den Kampf gegen das dominierende Selbst und die Stufen der Vervollkommnung der Seele. Er bestand vor allem auf der Meditation und der stufenweisen Vervollkommnung der Seele. Leider, wie bei vielen anderen göttlichen Gesandten, ist ein großer Teil dessen, was Buddha zugeschrieben wird, nicht von ihm.

Moses wurde von Gott dazu ausersehen, die Nachkommen Israels zu retten, sie in das Gelobte Land zu führen und die Idee von der metaphysischen Welt und vom einzigen Gott durchzusetzen.

Jesus Christus, Prophet mit einer universellen Mission und Überbringer eines Offenbarungswortes, wurde vollkommen geboren, und seine Mission war es, die gesamte Menschheit zu erlösen. Er lehrte vor allem die Esoterik (die Stufe der Entsagung und der Hingabe), das heißt die Vervollkommnung der Seele, die Rückkehr zu Gott, das ewige Leben und das unaussprechliche Glück.

Nicht alle Worte Jesu sind uns übermittelt. Ein großer Teil seiner Lehre ist vergessen worden; einige Worte sind uns überliefert, doch aus ihrem Zusammenhang gerissen und deshalb nicht verstanden worden. Man hat daher versucht, die Lücken zwischen den einzelnen Texten dieser göttlichen Worte mit den eigenen menschlichen Ideen zu schließen.

Dann kam Mohammad, dessen Mission ebenfalls universell ist und der den Koran brachte. Es besteht keine Veranlassung, den Koran zu verteidigen, und noch weniger, über ihn zu urteilen, und alles, was in dieser Hinsicht dazu gesagt wird, ist müßiges Gerede.

Um die heiligen Bücher, die den göttlichen Gesandten zugeschrieben werden, beurteilen zu können, muß man unparteiisch sein, müssen die spirituellen Sinne voll erwacht sein, und das Herz muß erfüllt sein vom göttlichen Licht. Unter diesen Voraussetzungen ist es leicht, die göttlichen Worte und die Wahrheit zu erkennen, die in ihnen enthalten sind.

Im Koran heißt es: »Mohammad (...) ist der Gesandte Gottes, der letzte Prophet« (XXXIII, 41). Nach ihm kam der Heilige Imam 'Ali, der ein **Vali** war, ein absoluter Meister. 'Ali spiegelte in vollkommener Weise die göttliche Macht über das ganze Universum wider.

Die vollkommenen Wesen selbst können sich manchmal nicht zurückhalten, einen Teil ihres Lichtes auszustrahlen. Doch ein Wesen, das Gott vollkommen und in Seiner Gesamtheit widerspiegelt, hat die Macht, seine Essenz völlig zu verbergen, und zwar so, daß nur die spirituell fortgeschrittenen Personen sie nach und nach erkennen. Darum waren es nur wenige Personen (die ›Gefährten‹ des Geheimnisses)[1] zur Zeit 'Alis, die sein Wesen erkannt hatten.

Die Mission der Propheten war es, eine Exoterik zu etablieren, in deren Innerem die Esoterik verborgen war, ohne die es keine wahre Religion gibt. Sämtliche exoterischen Gesetze sind bereits festgelegt und formuliert worden, daher wird es keine Propheten mit einer universellen Mission mehr geben. Die Etappe des GESETZES ist mit Mohammad beendet worden. Danach ist jeder, der behauptet, eine neue Religion zu begründen oder eine neue Exoterik zu bringen, mit Sicherheit ein falscher Prophet.

Wenn wir vorurteilslos die echten Botschaften dieser göttlichen Gesandten lesen, verstehen wir, daß sie alle von dem Einen, Einzigen Gott geschickt worden sind, und daß jeder von ihnen eine besondere Mission zu erfüllen hatte. Aus der Sicht der Exoterik (des GESETZES) haben sie alles gesagt, was wichtig war. Da alles über die Exoterik gesagt worden ist, braucht es auf der Erde keinen neuen Propheten mehr. Doch da die Menschen einen Meister oder spirituellen Lehrer benötigen, der ihnen hilft und sie auf dem Weg der Vollkommenheit führt, gibt es stets einen Vertreter Gottes auf der Erde, einen **Vali**. Die **Vali** müssen nicht nach Anhängern suchen, denn Gott führt sie ihnen zu, und ihre Mission ist es nicht, eine Religion zu begründen, sondern uns die verschiedenen Ebenen der Religion, die wahren Grundlagen und ihre Anwendung nahezubringen, um uns auf dem Weg der Vollkommenheit zu führen.

Vierter Teil

34. Der Meister

Wenn wir uns ganz auf den Weg einlassen wollen, müssen wir vor allem Gott um Seiner selbst willen wollen, das heißt auf der Suche nach der Wahrheit sein. Wir müssen damit beginnen, ihm voller Glauben zu folgen, und uns dann mit den Lehren der Propheten, die uns den Eingang zum Weg weisen, vertraut machen. Wenn wir die erste Etappe zurückgelegt haben, wird der Weg beschwerlich. Um weiterzukommen, brauchen wir die Hilfe eines Meisters oder spirituellen Lehrers.

Die Meister sind Lichter, die in der Lage sind, die zu führen, die im Dunkeln sind. Je nach ihrem Rang erfüllen sie eine Mission von mehr oder weniger großer Bedeutung. Da aus spiritueller Sicht zwischen Mann und Frau kein Unterschied besteht, kann es spirituelle Meister sowohl unter Frauen als auch unter Männern geben. Ein wahrer Meister gibt uns die Gewähr, daß der Weg der Vervollkommnung der einzige ist, der ans Ziel führt. Er weist uns den Weg und motiviert uns immer wieder.

Ein Meister oder spiritueller Lehrer muß von Gott dazu beauftragt sein, anderen spirituelle Führung zu geben. Dieser Auftrag verleiht ihm die **göttliche Wirkung.** Durch die göttliche Wirkung erfährt sein Wort in der spirituellen Welt Berücksichtigung, seine Anweisungen haben eine Wirkung, alles, was er will, geschieht, und alles, was er nicht will, geschieht nicht. Ein nicht beauftragter spiritueller Lehrer kann die Worte und Anweisungen eines wahren Meisters, eines Propheten oder eines Heiligen wiederholen. Das kann verführerische, ermutigende, ja sogar wohltuende Wirkungen haben, doch wird dies nur auf einer elementaren Ebene nützlich sein.

Unsere Seele kann wie unser Körper anfällig für Krankheiten wie Zweifel und Stolz sein, die die Seele schwächen, zur Sünde verführen und vom Weg abbringen. Da wir unsere Seele nicht selbst heilen können, sollten wir sie einem spirituellen Arzt, einem Meister anvertrauen. Die wahren Meister sind so selten wie ein Elixier. Wenn ein Mensch aber Gott mit seiner ganzen Seele sucht, wird Er ihn einem solchen wahren Meister zuführen. Jemand, der der Vollkommenheit nahe ist, sucht nicht nach Anhängern und macht auch keine Werbung für seine Person. Doch Gott führt ihm diejenigen zu, die wirklich suchen, die nach der Wahrheit verlangen, und wenn der Kontakt auf der materiellen Ebene nicht stattfinden kann, dann findet er jenseits von Raum und Zeit auf der spirituellen Ebene statt.

Die Menschen rennen ziellos und verwirrt in alle Richtungen. Doch einer, der einen wahren spirituellen Lehrer gefunden hat, ist wie ein in der Dunkelheit Verlorener, der eine rettende Hand ergreift: Er darf um keinen Preis diese Hand wieder loslassen und muß aufmerksam auf die Stimme des spirituellen Lehrers hören, der ihm hilft, Hindernisse zu überwinden und Fallen und Abgründe zu umgehen. Ein wahrer Meister verfolgt jeden Schritt in der spirituellen Entwicklung des Schülers und schützt und warnt ihn vor Gefahren und Fallen, die ihn auf Schritt und Tritt, wie bei der Überquerung einer Gegend voller Treibsand, belauern, und führt ihn schließlich zum ewigen Heil.

Die wichtigsten Kriterien, die ein beauftragter Meister oder spiritueller Lehrer heutzutage erfüllen sollte, sind die folgenden:
– Er hat »Gottesfurcht«, folglich praktiziert er selbst, was er anderen rät, und lehrt nur, was er selbst überprüft hat.
– Er achtet die Prinzipien der RELIGION.
– Seine Worte und sein Blick besitzen die »göttliche Wirkung« und dringen in das Herz. Eine wohltuende Ausstrahlung geht von ihm aus und erquickt die Seele.

– Er verdient seinen Lebensunterhalt mit eigenen Mitteln und lebt nicht auf Kosten anderer. (Es kann sein, daß er wohlhabend ist und viele Güter besitzt, doch hängt er nicht daran, da Liebe zum Geld und die Suche nach Vergnügungen und materieller Macht sich mit der Liebe zu Gott nicht vertragen.)

– Sein Verhalten im täglichen Leben, seine Kleidung, seine Art, sich auszudrücken, passen sich den Sitten und Gebräuchen seiner Zeit und seiner Umgebung an.

– Er ist nicht anmaßend, er ist keinem feindlich gesonnen, und er redet nicht schlecht über andere.

– Sein Körper ist wie bei allen Menschen mit natürlichen Instinkten ausgestattet, doch beherrscht er sie, insbesondere den Geschlechtstrieb. Er heiratet, es sei denn, er ist durch Gottes Anordnung oder Gottes Willen davon entbunden worden.

Ein vollkommener Meister verfügt über alle Macht, doch achtet er stets die natürlichen Gesetze der Kausalität, solange er nicht von Gott eine besondere Weisung erhalten hat. Sein Körper, seine Sinne und seine Seele sind rein. Er sieht nur Gott und fühlt sich winzig angesichts Seiner Unendlichkeit. Er achtet die Rechte aller. Er gibt nicht vor, der einzige zu sein, der die Wahrheit besitzt. Er verkörpert Milde und Herzensgüte. Er spricht nicht von etwas, was er nicht selbst erfahren hat, und schreibt nichts vor, was er nicht selbst in der Praxis erprobt hat. Er läßt seine spirituellen Kräfte nur sichtbar werden, um andere Seelen zu heilen, zu läutern und zu erziehen. Alles an ihm ist ganz natürlich. Man hört ihm gerne zu und ist gerne an seiner Seite, da das Leuchten in seinem Gesicht, seine Worte und seine Seele in uns Liebe und Achtung erwecken. Er ist bescheiden, und sein Benehmen ist natürlich. Alle guten Eigenschaften, die man bei einem Menschen finden kann, sind in ihm vereinigt.

Ein wahrer Meister ist wie Wasser und Brot: Man wird seiner nie überdrüssig.

35. Die Versuchungen und Fallen
auf dem spirituellen Weg

Es gibt viele verschiedene Wege, und für diejenigen, deren Seele keine echte spirituelle Erziehung erhalten hat, ist es sehr schwierig, ja beinahe unmöglich, den richtigen zu erkennen. Der sicherste Weg ist der, den die von Gott gesandten Propheten und großen Heiligen vorgezeichnet haben. Doch was von den Lehren und der Lebensweise dieser göttlichen Gesandten übrig geblieben ist, ist im Laufe der Zeit derartig verfälscht worden, daß die Menschen inzwischen davon eine irrige oder sogar völlig verdrehte Vorstellung haben. Die Liebe zu Gott, die Aufrichtigkeit des Glaubens und der Verzicht auf Vorurteile führen den Gläubigen auf den richtigen Weg.

Die ablenkenden Geister[1]
Der spirituell Reisende unterliegt häufig der Versuchung, vom Wege abzuweichen, anzuhalten oder umherzuirren. Sowie er seinem dominierendem Selbst Gehör schenkt, begibt er sich auf gefährliche Pfade.

Das größte Hindernis für den Anfänger ist die sinnliche Welt (die materielle Welt) mit all ihren Versuchungen. Nichts ist einfacher für das dominierende Selbst, als die Seele mit den verführerischen Verlockungen dieser Welt in die Falle zu locken.

Doch das dominierende Selbst kann uns auch mit Hilfe von »Teufelsmenschen« oder negativen Menschen, oder aber, wenn wir eine Schwäche für die metaphysische Welt haben, mit dem spirituellen Schwindel oder Hokuspokus, der von den sogenannten »ablenkenden Geistern« inszeniert wird, in die Falle locken. Die »ablenkenden Geister« gehören zu einer besonderen

Gruppe von Geistern, deren Aufgabe darin besteht, den spirituell Reisenden in Versuchung zu führen, ihn abzulenken oder mit aller nur erdenklichen List und Tücke zu täuschen. Derjenige, der sich in ihre Falle locken läßt, wird in seiner spirituellen Arbeit behindert, und es ist sogar möglich, daß er sie unterbricht oder ganz aufgibt. Diese Geister denken sich die verschiedensten Versuchungsarten für ihn aus und gehen sogar soweit, ihn glauben zu lassen, er sei mit einer wichtigen Mission betraut und erhalte nun wunderbare Kräfte, um sie erfüllen zu können. Es gibt wohl nichts, was verlockender wäre, als dies zu glauben. Wer sich aber derart täuschen läßt, riskiert, spirituell für dieses Leben verloren zu sein.

Alle spirituell Reisenden müssen zwangsläufig die Zone dieser »ablenkenden Geister« durchqueren. Derjenige aber, der von einem wahren Meister unterstützt und beschützt wird, wird sie durchqueren ohne anzuhalten, sicher die nächste Zone betreten und seinen Weg bis zum endgültigen Ziel fortsetzen. Für denjenigen, der keinen Meister hat, gibt es folgende Mittel, sich vor den »ablenkenden Geistern« zu schützen:

– Einen festen Glauben zu haben, das heißt, Gott um Gottes willen zu lieben.

– Die religiösen Vorschriften zu befolgen, sorgfältig mit Logik und gesundem Menschenverstand die Angebote dieser Geister zu prüfen und sie mit diesen Vorschriften zu vergleichen. Die Angebote enthalten immer einen logischen Fehler und/oder sie stehen im Widerspruch zu den Gesetzen und den religiösen Grundsätzen.

– Seinen eigenen Stolz zu brechen und gegen seine nafsischen Wünsche und Leidenschaften zu kämpfen. In den Angeboten der »ablenkenden Geister« findet sich immer ein Aspekt, der die Nafs zufriedenstellt – besonders die Eitelkeit und die unterdrückten Wünsche – und die materiellen und spirituellen Wünsche der Person widerspiegelt.

Spirituelle Drogen

Es gibt zahlreiche Gefahren und Versuchungen auf dem Weg, die sich auch noch mit der jeweiligen Zeit, der Zivilisation, dem sozialen Umfeld und den Wünschen und Leidenschaften der einzelnen Menschen verändern. In unserer Zeit zum Beispiel suchen viele inneren Frieden und übernatürliche Kräfte für rein materielle Ziele. All diesen Versuchungen ist eine schmeichlerische Seite und eine »der Welt zugewandte« Seite gemeinsam. Doch verglichen mit dem wahren göttlichen Wissen sind die okkulten Kräfte und Wunder unnütz und lächerlich. Ein paar physische, psychische oder mentale Techniken zu erlernen ist für die Vervollkommnung der Seele von keinerlei Nutzen. Und selbst die, denen es gelingt, mit der spirituellen Welt in Verbindung zu treten, machen dies nur, um in eine Euphorie, in einen Zustand der Ruhe zu kommen oder um Macht zu erlangen. Dies führt bei ihnen zu Gewöhnung oder gar zu Abhängigkeit. Sie machen nichts anderes, als sich Vergnügen und Doping zum Preis ihrer Übungen und Askesetechniken zu kaufen. Wie bei Drogen haben diese spirituellen Unterhaltungen und Beruhigungsmittel nur eine kurzfristige angenehme Wirkung auf den Geist. Das Doping erzeugt eine Kraft von nur kurzer Dauer, die für materielle Ziele eingesetzt wird. Anhänger dieser Drogen und Dopings werden in diesem Leben im allgemeinen nicht mehr tauglich für eine spirituelle Erziehung sein.

Drogen oder spiritueller Zeitvertreib oder ähnliches dieser Art sind die Hauptmittel, die von den Pseudo-Meistern benutzt werden. Unter den Pseudo-Meistern können wir zwei große Gruppen unterscheiden: die betrogenen Meister und die falschen Meister.

Die betrogenen Meister

Dies sind die Menschen, die, von den »ablenkenden Geistern« unterstützt, zu »betrogenen Meistern« werden. Am Anfang verfügen sie noch über einige übernatürliche Kräfte und erfahren mehr oder weniger spirituelle Zustände, von denen die Schüler angezogen werden. Ihr Weg ist manchmal von einer gewissen Wahrheit geprägt, doch weicht er schon bald von ihr ab. Tatsächlich aber ist die Dauer dieser spirituellen Zerstreuungen unterschiedlich, jedoch begrenzt, und hängt vom spirituellen Vorrat des einzelnen ab. Doch wenn diese spirituellen Vorräte erst einmal aufgebraucht sind, bedienen sich die betrogenen Meister verschiedener Techniken und Askeseübungen, um ihre Kräfte zu erhalten und ihre Schüler nicht zu verlieren, die sie deshalb mit Drogen und spirituellen Zerstreuungen beschäftigt halten. Im allgemeinen entwickeln sie besondere Aspekte und Details und entwickeln daraus Methoden, Übungen oder Systeme, die die echte Arbeit an der spirituellen Vervollkommnung ersetzen sollen.

Die falschen Meister

Die betrogenen Meister sind zu Anfang aufrichtig und glauben, daß sie wirklich Meister sind. Doch der Fall der falschen Meister liegt anders: Dies sind Menschen, die sich die Verhältnisse und Umstände zunutze machen und von der Naivität der Leute profitieren, indem sie sich als spirituelle Autoritäten ausgeben.

Der Glaube ist ein Licht, das Gott einer spirituellen Triebkraft gleich in uns setzt. Der »Anti-Glaube« ist die Finsternis, die Energie, die von der Nafs freigesetzt und von den negativen Geistern verstärkt wird. Glaube und Anti-Glaube existieren immer auf antagonistische Weise nebeneinander. Der Glaube ist wie das Licht eine aktive Energie, während die Finsternis passiv ist. Seinem Wesen gemäß hat dieses Licht des Glaubens die Neigung, sich zu verflüchtigen. Was es aber zurückhält, erhält und bewahrt wie eine kristallklare Schale, ist unsere Aufrichtigkeit Gott gegenüber. Wenn die Schale Risse aufweist, entweicht das Licht, und die Finsternis macht sich breit[2]. Tatsächlich vertreibt das Licht die Finsternis, und die Finsternis ist nichts anderes als die Abwesenheit des Lichts. Wenn also das Licht des Glaubens verschwindet, dann macht sich die Finsternis breit: Ein Riß in der Aufrichtigkeit, wie etwa der Versuch, Gott zu täuschen, oder Heuchelei, schafft eine Lücke im Glauben und überläßt diesen Platz der Finsternis des Anti-Glaubens.

Im Grunde haben die falschen Meister nichts Spirituelles an sich und stehen zumindest am Anfang nicht in Verbindung mit den ablenkenden Geistern. Doch da ihr Tun als ein Versuch angesehen wird, Gott zu täuschen, verursachen sie einen Riß in der Schale der Aufrichtigkeit und werden vom Anti-Glauben eingenommen. Es ist das Licht des Glaubens, das uns erlaubt, die Wahrheit zu sehen, wie sie ist. Da dieses Licht die falschen Meister verläßt, geraten sie in die Finsternis und können das Wahre nicht mehr vom Falschen unterscheiden. Sie fallen damit unter den Einfluß der »göttlichen List«: Sie enden damit, daß sie die Wahrheit verkehrt herum sehen, werden von den negativen Geistern beeinflußt und schließen sich der Gruppe der »Teufelsmenschen« an.

Diese Pseudo-Meister sprechen auch von der Vervollkommnung und wiederholen bestimmte Worte, die sie von den wahren Meistern entlehnt haben. Diejenigen aber, deren Seele eine echte spirituelle Erziehung erhalten hat, stellen den Unterschied fest. Tatsächlich stehen ihre Äußerungen nur in einem verbalen Zusammenhang, es fehlt ihnen die göttliche Wirkung.

Um diesen Punkt zu veranschaulichen, können wir den »göttlichen Apparat« (oder die »göttliche Verwaltung«) mit einem Computer vergleichen und die von Gott beauftragten Gesandten mit Disketten, die von Gott konzipierte Programme enthalten. In dieser Analogie ist der göttliche Auftrag mit einem Zugriffscode (Password) vergleichbar, der den Eintritt in das Programm erlaubt und es davor schützt, kopiert zu werden. So kann nur die Originaldiskette, die diesen Code enthält, den Computer zum Arbeiten bringen und die Möglichkeit geben, das Programm zu benutzen und Vorteil daraus zu ziehen. Was den Pseudo-Meister betrifft, ist er mit einer Raubdiskette vergleichbar: Sie enthält beinahe die gleichen Daten, kann den Zugriffscode aber nicht reproduzieren. Darum erkennt der Computer, wenn jemand diese Raubdiskette benutzen will, daß es sich um eine Kopie handelt, schaltet ab und verweigert das Programm. In anderen Fällen, um die Analogie noch zu erweitern, wird das Programm durch bestimmte Fehler (bugs) geschützt, die sich in die Kopie einschleichen, so daß das Programm in abweichender Weise zu funktionieren beginnt. Diese »bugs« entsprechen dem, was »göttliche List« genannt wird.

Dieses Beispiel ist auch auf alle falschen Religionen anwendbar. Derjenige, der einem falschen Weg folgt, sucht den Schatz dort, wo er nicht ist. Er müht sich ordentlich ab, kommt aber zu nichts, denn es genügt nicht, überzeugt zu sein und Glauben zu haben, dieser Glaube muß überdies auch noch mit den Wirklichkeiten übereinstimmen. Um an die Wahrheit zu gelangen, müssen wir an die Wahrheit, und an nichts als an die Wahrheit, glauben. Diejenigen, die voller Überzeugung einem Pseudo-Meister oder einer falschen Religion folgen, werden keinen Zutritt zum Wahren haben. Doch Gott ist barmherzig und gerecht, und Er erweist ihnen die Gnade, ihnen spirituelle Unterweisungen in der Zwischenwelt zu erteilen, bevor Er sie auf die Erde in ein echtes religiöses Umfeld zurückschickt.

Menschen werden aufgrund ihrer früheren Fehler von Pseudo-Meistern getäuscht. Hat zum Beispiel ein Pseudo-Meister Schüler gehabt, die durch seine Schuld den Glauben verloren haben, dann wird er in einem späteren Leben seinerseits der Schüler eines Pseudo-Meisters sein.

Die gelehrten Esoteriker und die Umherirrenden
Es gibt auch eine Kategorie von Suchenden, die eine ganz be-

stimmte oder persönliche Sichtweise von der Religion haben: die »gelehrten Esoteriker«. Sie haben im allgemeinen eine umfangreiche trockene und theoretische Bildung, mit der sie an die Esoterik herangehen, die im Bereich der spirituellen Praxis und Erfahrung liegt. Dies ist etwa so, als wollte jemand die Kunst der Musik beherrschen, indem er dazu nur das Noten-ABC lernt. Ihre Äußerungen enthalten zwar gewisse Wahrheiten, doch fehlt ihnen der praktische Bezug für den spirituell Reisenden. Sie nehmen gelegentlich Kontakt mit echten Meistern auf, doch da sie von ihrem eigenen Wissen so eingenommen sind, fallen diese Treffen im allgemeinen unergiebig für sie aus: Sie lassen die Wahrheit achtlos an sich vorbeigehen. Worte sind unzureichend, um die spirituellen Empfindungen mitzuteilen. Wenn wir jemandem, der ohne Augenlicht ist, nur mit Worten vermitteln könnten, was die Empfindung von Licht ist oder was Farbschattierungen sind, dann könnten wir auch denen spirituelle Empfindungen übermitteln und fühlbar machen, die noch keinerlei Erfahrung auf diesem Gebiet gehabt haben.

Die Zahl derer ist immer noch groß, denen es gelingt, durch harte Askese ihre Triebe zu schwächen, ohne jedoch dadurch Gott besser zu kennen. Sie schaffen es nicht, die Mauer ihres Ichs zu durchbrechen und mit Gott eine Verbindung aufzubauen, die sie der Erkenntnis näherbringen würde. Sie erlangen Macht, aber nicht das Licht.

Manche Leute wollen sich nicht auf einen Weg einlassen und dünken sich in der Lage, ihren eigenen Weg aufbauen zu können, indem sie von überall her ein wenig nehmen. Sie gehen auf diese Weise ahnungslos in die Falle spirituellen Umherirrens und können sogar den Glauben verlieren. Kein Mensch kann alleine die Zone des »Treibsandes«, die Teil des WEGES ist, bis ans Ende durchqueren, außer einigen Ausnahmen, die einer besonderen Gunst Gottes unterstehen.

Die einzige Garantie für unser Wohl ist der dauerhafte

Schutz eines wahren spirituellen Lehrers. In allen Winkeln der Welt gibt es gute spirituelle Lehrer, doch wir müssen wissen, wie wir sie erkennen können. Wenn wir keinen wahren spirituellen Lehrer haben, ist es besser, wenn wir dort bleiben, wo wir sind, uns weiter an unsere Grundsätze halten und auf unsere Gelegenheit warten.

36. Der Kampf gegen die Nafs und die Selbsterkenntnis

Dringe in dich selbst, bis daß du Gott findest. Wenn du Gott findest, findest du alles ... Nur 'Ali Elâhi

Jeder Mensch, dessen Seele die exoterische Etappe der Religion ganz verarbeitet hat, kommt an den Punkt, an dem er das Gefühl beängstigender Leere verspürt, durch das er begreift, daß das materielle Leben, selbst das erfolgreichste, ihn nicht vollkommen erfüllen kann und daß er noch etwas anderes finden muß. Je gesünder und wacher die Seele ist, desto intensiver und häufiger ist diese Art von Gefühl. In gewisser Weise ist dies das Echo der engelhaften Seele, ein Warnzeichen, das den Menschen dazu veranlaßt, sich um seine Zukunft zu kümmern, die auf ihn nach dem irdischen Leben wartet.

Dieses Echo der Seele ist bei einigen so stark, daß es sie unwiderstehlich dazu treibt, ein Mittel zu finden, diesen inneren Durst zu stillen. Doch viele versuchen ihn mit den falschen und oftmals sogar gefährlichen Mitteln zu stillen, da sie den Ursprung und die Natur dieses Zustandes nicht genau kennen. Die einen suchen sich Erleichterung durch Drogen zu verschaffen, die anderen durch spirituelle Drogen: Sie vertrauen sich Pseudo-Meistern an, schließen sich Sekten an oder folgen Scharlatanen. Viele wenden sich ›östlichen‹ Techniken zu, insbesondere den indischen, die ohne Beziehung zur wirklichen Vervollkommnung der Seele sind und die sie nur eine Weile ablenken und beschäftigt halten. Wenn ihre Seele noch nicht ernsthaft krank oder vergiftet ist, erscheint das Echo wieder und der innere Durst bleibt. Denn solange wir den WEG noch nicht ge-

funden haben, bleiben diese Angst und dieses Gefühl der Sinn-
losigkeit der wahrnehmbaren Welt gegenüber in uns, ganz
gleich, was wir tun.

Der Kampf gegen das dominierende Selbst (Nafs)

Der Mensch ist ein »menschliches Tier« und besitzt daher Trie-
be und Instinkte wie die Tiere. Diese Tiernatur hat zwei Seiten:
die eine wird von friedlichen Instinkten bestimmt, die das Über-
leben sichern, die andere von räuberischen Instinkten, die den
Eigenschaften der schädlichen und wilden Tiere entsprechen.
Diese zweite Seite wird als das dominierende Selbst oder die
Nafs bezeichnet. Die Nafs will sich die Herrschaft über das
Reich des Körpers aneignen, das Gott der Seele verliehen hat.
Von seiner Anlage her ist der Mensch ignorant, hochmütig,
nachlässig, maßlos und verspürt das natürliche Bedürfnis, an-
deren Schaden zufügen zu wollen. Diesen Neigungen stehen die
Vernunft, der Wille, das Unterscheidungsvermögen zwischen
Gut und Böse und der freie Wille entgegen, die Manifestatio-
nen der engelhaften Seele sind. Die engelhafte Seele hebt uns
zu Gott empor, und das dominierende Selbst entfernt uns von
Ihm.

Wenn wir alle Lehren der exoterischen Stufe der Religion bis
zum Ende durchlaufen und spirituell verarbeitet haben, sehen
wir vor uns, wie sich die Tore der Esoterik öffnen, und sehen
den Anfang des spirituellen Weges. In unserem Inneren entdecken wir schließlich dieses gerissene und unermüdlich tätige
Wesen mit den tausend Gesichtern, das die Nafs genannt wird.
(Natürlich ist die Nafs auch schon auf der vorhergehenden Stufe aktiv, doch wir sind uns dessen noch nicht bewußt.) Die Nafs
gibt sich zunächst als unser Freund und Berater aus und versucht, uns unter allen nur möglichen Vorwänden, vom rechten
Weg abzubringen und daran zu hindern, auf dem Weg weiterzukommen. Wer jedoch von einem wahren Meister geführt wird,

weiß, daß die Nafs sein erklärter Feind ist und daß es keine Möglichkeit gibt, sich mit ihr zu verständigen. Wer auf dem rechten Weg weiterkommen will, muß sich mit ihr auf einen gnadenlosen Kampf einlassen, um sie zu beherrschen. Ein solcher Kampf ist beinahe unmöglich ohne göttliche Hilfe. Diese göttliche Hilfe kommt zu uns durch einen Meister, gleich, ob er auf der Erde lebt oder für uns unsichtbar ist. Er wirkt auf uns ein durch entsprechende Mittel, berät uns, warnt uns, vereitelt die Tricks der Nafs und geht manchmal, in kritischen Augenblicken, sogar direkt gegen sie vor. Den Attacken der Nafs müssen wir unseren Willen, einen festen Glauben, Beharrlichkeit und viel Geduld entgegenstellen.

Jedesmal, wenn wir den Sieg über die Nafs davontragen, kommen wir einen Schritt auf dem Weg weiter. Doch jedesmal, wenn sie den Sieg davonträgt, fallen wir ein Stück zurück oder müssen sogar anhalten. Manchmal verschwindet die Nafs, nur um dann mit einem anderen Gesicht wiederzukommen. Manchmal tut sie so, als beuge sie sich unserem Willen, schlägt aber schließlich heimtückisch zurück. Wenn sie geschwächt ist, kommt sie mit ihren Verbündeten: den ablenkenden Geistern, den ›Teufelsmenschen‹, den negativen Menschen usw. Zu Beginn des Kampfes lautet die goldene Regel: »Was immer dir die Nafs auch einredet zu tun, tue das Gegenteil.«

Wenn die Nafs merkt, daß wir nicht auf sie hören, imitiert sie die Stimme der engelhaften Seele und flüstert uns ein, wir müßten unseren Glauben durch Gebete, Fasten oder andere lobenswerte Askeseübungen stärken. Doch mit Hilfe des Meisters erkennt der spirituell Reisende die Stimme der Nafs und fragt: »Wieso befiehlst ausgerechnet du mir, als der erklärte Feind meiner Seele, zu tun, was gut für sie ist?« Und die Nafs wispert ihm ins Ohr: »Um dir zu schmeicheln. Nach und nach wirst du stolz über deinen Fortschritt sein, und wenn der Stolz dich dann übermannt, wirst du mir ganz ausgeliefert sein.« Darum müssen wir alles, was wir für Gott tun, als **nichts** ansehen, das heißt uneigennützig handeln, Ihn nur um Seiner selbst und nicht um unseretwillen lieben und alles aus einem Pflichtgefühl heraus erledigen, wie ein Student, der arbeitet, weil es seine Pflicht ist, und der geduldig das Ende seines Studiums abwartet, um die Früchte seiner Anstrengungen zu ernten.

Bei den meisten Leuten hat die Nafs mit den materiellen Versuchungen Erfolg. Für diejenigen aber, die einem spirituellen Weg folgen, wird die Aufgabe, die Nafs zu bekämpfen, weitaus schwieriger, da zu den materiellen noch die spirituellen Versuchungen hinzukommen.

Wenn es uns gelingt, unsere Nafs zu beherrschen, ohne sie weiter fürchten zu müssen, dann können wir uns mit der dritten Stufe (der Erkenntnis) befassen und haben einen guten Teil des Weges zurückgelegt. Diese Stufe ist die der Selbsterkenntnis – da uns alle Tricks und die tausend Gesichter der Nafs bekannt sind. Wir erkennen unsere engelhafte Seele und schließlich Gott. Danach ist der Weg noch lang bis ans Ende der vierten Stufe (die Wahrheit), doch der Adept ist sich von jetzt an der Natur seiner Arbeit bewußt, und die Nafs ist nicht länger ein Hindernis, auch wenn er bis zu seinem letzten Atemzug immer ein wachsames Auge auf sie haben muß.

Der Stolz

Der Stolz kommt einer perfekten Betrügerei gleich, denn der Stolz will sich nur den Argumenten seiner eigenen Nafs beugen. Eine der tödlichen Waffen der Nafs ist der Stolz: Daher muß es uns gelingen, ihn zu besiegen. Dazu müssen wir genau wissen, wie und in welcher Form er sich zeigt. Wir können drei Hauptformen unterscheiden: der typische Stolz, die Egozentrik und die Eitelkeit.

Wer vom Stolz dominiert wird, ist eine Art blindes Monster, das nur sich selbst sieht und sich für nichts anderes als für sich selbst interessiert. Alles, was er macht, erscheint ihm das Beste zu sein: Er sieht seine Fehler nicht, und er hört anderen weder zu noch hört er auf sie. Solange sein Stolz nicht gebrochen wird, ist er unbelehrbar.

Die unterste Stufe des Stolzes ist die Egozentrik. Im Unterschied zu einem überheblich stolzen Menschen im eigentlichen Sinne ist der egozentrische Mensch sich seines Fehlers mehr oder weniger bewußt. Doch er mag sich so, wie er ist, und nimmt diesen Fehler als einen Beweis seiner starken Persönlichkeit. Er bezieht alles auf sich, weil er sich als Norm für alles setzt. Während der überheblich stolze Mensch sich nicht einmal die Mühe macht, die anderen, die für ihn unwichtig sind, anzuschauen, verbringt der egozentrische Mensch dagegen seine Zeit damit, alles in bezug auf sich selbst zu beurteilen und zu kritisieren. Stets auf der Lauer nach Irrtümern und Fehlern bei den anderen, beklagt er sich über alles und sieht nur den Splitter im Auge des Nachbarn, den Balken in seinem eigenen aber sieht er nicht.

Eine weitere, weniger stark ausgeprägte Äußerung des Stolzes ist die Eitelkeit: Das ist Stolz, der sich auf nichts gründet und nur von der Phantasie genährt wird. Der Eitle oder Eingebildete ist für alle Arten von Schmeicheleien und Komplimenten empfänglich. Er läßt keine Gelegenheit aus, sich selbst eine Bedeutung zu geben, und hat die Tendenz, alles zu übertreiben, was mit ihm im Zusammenhang steht.

Die engelhafte Seele hat nicht die leiseste Spur von Stolz. Um den göttlichen Intellekt zu entwickeln, müssen wir deshalb alle Formen des Stolzes in uns mit den Wurzeln ausreißen.

Wenn der Stolz besiegt ist, läßt die Nafs nach und nach alle anderen Waffen fallen, und die Befreiung ist nahe. Es gibt daher keine wichtigere spirituelle Arbeit als den Kampf gegen die Nafs, die Eliminierung des Stolzes, der Egozentrik und der Eitelkeit.

Die spirituelle Arbeit besteht damit im wesentlichen darin,

die Tricks der Nafs zu durchschauen, das heißt, in sich selbst die schwachen Punkte zu finden. Mit den hervorstechendsten fangen wir an und kämpfen gegen sie mit Hilfe unseres Willens und der Hilfe Gottes, da wir ohne Seine Unterstützung nichts von Dauer erreichen. Wenn es uns gelungen ist, einen unserer Schwachpunkte zu überwinden, zeigt sich sogleich der nächste, und wir schlagen einen nach dem anderen bis zum letzten.

Indem wir gegen unsere schwachen Punkte zu Felde ziehen, beherrschen wir mit der Zeit die Nafs und erwecken zunehmend unsere spirituellen Sinne. Die Erweckung dieser Sinne löscht das Bedauern über die Vergangenheit und die Angst vor der Zukunft aus. Sie bringt uns nach und nach Heiterkeit, Frieden, Glück und Freiheit. Sie gestattet uns, in die tiefe Bedeutung des »Monotheismus« und der göttlichen EINMALIGKEIT einzudringen.

Diejenigen, die von ihrer Nafs beherrscht werden, geben nicht gern zu, daß wir die sinnlichen und weltlichen Vergnügungen zugunsten der spirituellen Freuden beiseite lassen müssen. Sie befinden sich in einem tiefen Irrtum: Die spirituellen Freuden sind mit den Genüssen der Nafs nicht zu vergleichen und sind unvereinbar mit ihnen. Man kann nur sagen, daß uns, wenn wir auch nur einen einzigen Augenblick lang echte spirituelle Freude empfunden haben, die sinnlichen Genüsse und anderen Vergnügungen der Nafs lächerlich vorkommen. Jetzt verstehen wir auch die Nichtigkeit der falschen spirituellen Vergnügungen. Die echte spirituelle Freude erzeugt Demut und göttliche Liebe im Menschen. Man liebt seine Mitmenschen, weil man Gott liebt und sich Seiner Gegenwart in allem bewußt ist. Man verspürt nicht mehr den Wunsch, auch noch irgend etwas anderes mit dem Einen, Einzigen zu vermischen. Die falschen spirituellen Vergnügungen dagegen, die von den ablenkenden Geistern kommen, verstärken bloß den Stolz und den Wunsch nach materiellen Dingen.

Der Körper als Reittier der Seele

Der spirituell Reisende muß das Gleichgewicht zwischen seiner engelhaften Seele und seinem Körper aufrechterhalten. Wir können die engelhafte Seele mit einem Reisenden vergleichen, der eine sehr lange und gefährliche Strecke zurücklegen muß und der kein anderes Mittel zur Verfügung hat als den Körper, um diese Reise zu unternehmen. Die Beziehungen zwischen der Seele und ihrem Reittier lassen sich in drei Kategorien unterteilen:

– Das Reittier ist stark, doch folgsam. Das ist der Fall einer Nafs, die durch die richtige Methode gelernt hat, sich unterzuordnen. Der Reiter führt sein Reittier auf dem richtigen Weg, kommt schnell voran und hat alle Aussichten, das Ziel zu erreichen.

– Das Reittier ist stark und widerspenstig, gehorcht seinem Reiter nicht und macht nur, was es will. Das ist der Fall bei denen, die Sklaven ihrer Nafs sind und vor nichts zurückschrecken, um materielle Macht zu erlangen und all ihre nafsischen Wünsche zu befriedigen. Diese Leute vergessen Gott, fürchten Ihn nicht mehr oder schaffen sich einen Gott ihrer Phantasie, der alles gutheißt, was sie tun. In Wirklichkeit sind dies Tiere in menschlicher Gestalt.

– Das Reittier ist so geschwächt, elend und krank, daß es nicht mehr die Kraft hat, voranzukommen. Das ist der Fall bei denen, die körperliche und geistige Übungen der Askese und Selbstkasteiung für ein pseudo-spirituelles Ziel betreiben. Sie betäuben auf diese Weise die Wünsche ihres dominierenden Selbst, ohne es jedoch wirklich zu beherrschen. Es bringt sie nicht weiter auf dem Weg, und sie verlassen diese Welt, ohne etwas mit sich zu nehmen. Die Askese der Offenbarungsreligionen hat nicht die Schwächung des Körpers, also der Nafs, zum Ziel, sondern ist vielmehr eine Form von Andachtsübung. Übertriebene Askese wirkt auf die Nafs wie ein Schlafmittel oder eine Beruhigungstablette: Sowie die Wirkung nachläßt und der Körper seine alten Kräfte wiedererlangt, erwacht die Nafs stärker und heftiger als zuvor. Wenn die Kasteiung nicht von einem wahren Meister angeordnet wird, sondern auf unsere Eigeninitiative hin unternommen wird, ist sie gefährlich. Ein verfrühter innerer Friede (bevor die Seele die Vollkommenheit erreicht hat) oder eine vorübergehende innere Ruhe, die durch eine bestimmte Technik erlangt wurde, schläfern den spirituell Reisenden ein und bringen ihn zum Stillstand. Der spirituell Reisende muß um jeden Preis vermeiden, auf seinem Weg anzuhalten.

Viele der Askesetechniken rühren von einer naiven Interpretation spiritueller Phänomene her. Man hat das Verhalten der Heiligen imitiert, ohne jedoch dessen Bedeutung zu verstehen. Zum Beispiel ist man auf der Stufe reiner Kontemplation Gottes derart überwältigt, daß man sich nicht mehr bewegen und nicht mehr sprechen kann. Einige haben daraus den Schluß gezogen, daß sie, wenn sie ein Schweigegelübde ablegen oder öllig bewegungslos verharren, Gott näherkommen. In Wirklichkeit erreichen sie aber meistens nur die gegenteilige Wirkung. Das gleiche trifft auf die esoterischen Tänze zu, die in bestimmten Schulen verbreitet sind: Die Ekstase, die mystische Trunkenheit, ist manchmal so stark, daß man sich hin und her bewegt. Man ist von einer solchen Hitze erfüllt, daß selbst das Feuer dagegen wie eine Abkühlung erscheint. Doch genauso wie Menschen nicht in Ekstase geraten, indem sie sich ins Feuer werfen, genauso bringt uns auch der Tanz nicht weiter auf dem WEG.

Eine verbreitete Form der Askese ist die Enthaltung von jeglichem Fleischgenuß. Wenn jemand dies aus gesundheitlichen Gründen macht oder weil er überhaupt keine Lust auf Fleisch hat oder es auch nicht braucht, gibt es dagegen nichts einzuwenden. Es ist dagegen ein verhängnisvoller Irrtum, Vegetarier aus einer Art spirituellem Ideal heraus zu sein. Kein Prophet oder Heiliger der Offenbarungsreligionen hat den Genuß von Fleisch untersagt oder den Vegetarismus vorgeschrieben.

Die Zeiten der Kasteiungen sind vorbei. Der Mensch muß von jetzt an sein dominierendes Selbst mit seiner Willenskraft und dem göttlichen Intellekt zügeln. Überdies findet die wirkliche Askese tief in unserem Inneren statt: Sie besteht darin, unsere Gedanken, unsere Augen, unsere Ohren, unsere Zunge zu kontrollieren und gleichzeitig in der Gesellschaft zu leben.

Das spirituelle Wachstum

Spirituelles Wachstum und spirituelle Reife werden nur mit der Entwicklung des göttlichen Intellekts erreicht, der die Rechte und Pflichten der Seele und der Nafs in dieser Welt und in der anderen verwalten muß.

Die Vervollkommnung der engelhaften Seele umfaßt mehrere Stufen. Jede Stufe hat ihre eigene Welt, und in jeder Welt haben wir ganz bestimmte Aufgaben. Diese Aufgaben werden von Gott gestellt, und wir dürfen ihre Grenzen nicht überschreiten und aus ihnen mehr oder weniger machen wollen. Denn der Mensch ist so beschaffen, daß er die höchste Leistung in seiner spirituellen Entwicklung nur erbringen kann, wenn er die Grenzen der Aufgaben respektiert. Das ist der rechte Weg, das heißt, der kürzeste Weg. Wenn wir die angezeigten Grenzen überschreiten, geraten wir vom Wege ab, und die Seele riskiert, eine oder sogar mehrere Stufen zurückzufallen.

Nur der göttliche Intellekt kann das harmonische Wachstum der Seele gewährleisten, und dieses Wachstum vollzieht sich, außer in einigen außergewöhnlichen, vorherbestimmten Fällen (wie zum Beispiel bei bestimmten großen göttlichen Menschen) nur stufenweise. Die Entwicklung der Seele ist mit der körperlichen Entwicklung vergleichbar, die, mit der Kindheit angefangen bis zum Erwachsenenalter, allmählich und für die Person selbst unmerklich geschieht.

Im Laufe seiner Entwicklung kann der Adept (der spirituell Reisende) bestimmte Zustände und sogar spirituelle Visionen haben, die zunächst so fein sind, daß sie mit Suggestionen oder Phantasien verwechselt werden können. Doch echte Inspiration unterscheidet sich von Suggestion und Phantasie durch verschiedene Merkmale: Sie erscheint plötzlich ohne einen vorausgehenden Gedanken, sie hinterläßt einen tiefen Eindruck auf den Geist, sie kann willentlich nicht verscheucht oder verändert werden, sie enthält eine oft nachprüfbare Wahrheit usw. Gewöhnlich beginnt dieser spirituelle Entwicklungsprozeß mit Inspirationen, danach werden Stimmen wahrgenommen und auf einer noch höheren Stufe echte Visionen. Wenn der Schüler sich nicht von Zweifeln über die Echtheit dieser Erfahrungen einnehmen läßt und seinen Weg entschlossen weiter verfolgt, wird in ihm die Fähigkeit geboren, seine Visionen zu deuten.

Nach und nach werden ihm in einer klaren Vision seine früheren Leben bis zurück zu seinem ersten Leben als Mensch enthüllt. Er kann sogar noch weiter in seine Vergangenheit zurückgehen und sich seiner tierischen, pflanzlichen und schließlich mineralischen Stufen bewußt werden, bis er an den Ausgangspunkt seiner Existenz gelangt.

Es muß angemerkt werden, daß nicht jeder auf dem Weg akustische Wahrnehmungen, Visionen usw. hat. Manche können auch ohne derartige Erfahrungen beachtliche Fortschritte machen. Sie hängen von der Entscheidung des Meisters ab, und der Schüler muß sich deswegen keine Gedanken machen, da es nichts zu bedeuten hat, ob man sie hat oder nicht. Unsere Seele vergißt keinen unserer spirituellen Eindrücke, und wir müssen uns darüber nicht einmal bewußt sein. Wenn sich der Schleier hebt, der die Seele vom Körper trennt, werden wir uns all dessen bewußt, was in der Seele passiert.

Nach der Stufe der Selbsterkenntnis kommt die Stufe der Gotteserkenntnis. Erst wenn der Mensch sich selbst kennt, erlangt er die Fähigkeit, Gott zu erkennen. Sowie er sich selbst kennt, erhebt sich in seinem Geist unweigerlich die Frage: »Wer aber hat dieses Selbst erschaffen?« Damit beginnt die Stufe der Gotteserkenntnis.

37. Techniken und Methoden

Das Ziel von Techniken in der Spiritualität ist es, bei der betroffenen Person paranormale Zustände auszulösen. Der Mensch hat aus seiner tiefsten Seele heraus einen Hunger nach Entdeckungen und Fortschritt und ist auf der Suche nach seinem Ursprung. Darum fühlt er sich von allen Mitteln angezogen, die ihm die Möglichkeit geben, seinen normalen Horizont zu durchbrechen.

In der Vergangenheit war die verbreitetste Technik, ein Fenster zur jenseitigen Welt zu öffnen, die extreme Schwächung des Körpers (und damit der Nafs) durch körperliche Askese oder aber die Stärkung der Seele durch unipolare geistige Askese. In jeder Religion hatten die Eremiten, Sufis, Mönche oder Yogis ihre eigenen Techniken und Methoden. Dadurch erlangten sie gewisse Kräfte, aber nicht immer das Licht. Das Licht ist das WAHRE und die WAHRHEIT. Es kann nur durch die Entwicklung des göttlichen Intellektes erlangt werden. Einige haben es erreicht, doch zu welchem Preis! Die Zeiten haben sich geändert; solche Methoden entsprechen nicht mehr dem heutigen Menschen. Jeder spirituell Reisende muß dem Weg folgen, der seiner Zeit entspricht. Seine Askese ist ausgewogen, das heißt, er stärkt seinen Willen, damit er eine gesunde und starke Nafs beherrschen kann. Da dies ein verkürzter Weg ist, ist er viel schwieriger: Wir müssen mit dieser starken Nafs und ihren Versuchungen in ständiger Verbindung bleiben und dürfen dennoch nicht nachgeben. Am härtesten ist es, immer weiter voranzuschreiten, ohne außergewöhnliche Zustände, Visionen, Kräfte usw., einzig gestützt auf den Glauben und die Liebe zu Gott.

Die paranormalen Zustände, die heiter machen, beruhigen oder aufputschen und durch gewisse Techniken erzeugt werden, führen bei den Schülern zu einer Art Abhängigkeit und schwächen den Willen ihren Pflichten gegenüber. Krankheiten und Vergiftungen der Seele haben die gleichen Auswirkungen: Sie machen die Seele träge, bauen den Willen und die Motivation ab, fördern die nafsischen Gelüste und Zweifel und schwächen den Glauben. Die Behandlung der Krankheiten und Vergiftungen der Seele kann nur unter zwei Bedingungen geschehen: Man darf den Glauben an Gott und seinen Meister nicht verloren haben und muß um jeden Preis geheilt werden wollen. Ohne diese beiden Voraussetzungen wird die Behandlung ohne Erfolg bleiben, oder aber ganz einfach vom Schüler nicht angewendet werden.

Die beiden am schwierigsten zu behandelnden Übel sind der Zweifel und der Stolz. Wenn sie wirklich tief verankert sind, mißlingt der Person alles, was sie unternimmt, und ihr Leben ist für ihre Vervollkommnung verloren. Doch oftmals sind Zweifel und Stolz Fehler, die durch die Erziehung, die Kultur oder das soziale Umfeld erworben wurden. In dem Fall berühren sie die Seele nur an der Oberfläche, und es ist deshalb leicht, sie zu heilen. Ein echter Meister ist ein Arzt der Seele, der die göttlichen Gesetze kennt, die Krankheiten der Seele, die Heilmittel und die Behandlungsmethoden mit ihrer genauen Dosierung, ihren Nebenwirkungen, ihren Kontraindikationen usw. Wenn es nötig ist, kann er die kleinste Unebenheit auf der Seele oder im Geist seines Schülers erkennen.

Bei einem authentischen Weg benutzt der Meister die herkömmlichen Methoden, die seiner Zeit entsprechen, wie auch andere Mittel, die jedem einzelnen Fall angepaßt sind. Jede engelhafte Seele ist ein besonderer Fall, mit seinen eigenen spezifischen Problemen, seinen Schwächen und Stärken. Einige Seelen sind erheblich beeinträchtigt, andere nur leicht oder gar nicht. Unter diesen Umständen muß jede Seele die entsprechende Behandlung erhalten. Diese Behandlung wird im Laufe der inneren Entwicklung des Schülers verändert und überprüft. Sie zieht sich über eine längere Dauer hin und läßt sich nicht in ein oder zwei Formeln, Rezepten oder Techniken zusammenfassen. Daher ist es nutzlos, in die Details dieser einzelnen Methoden zu gehen, die von einer unerschöpflichen Vielfalt sind.

Zu diesen Methoden kommen noch die täglichen Prüfungen hinzu, die mit der spirituellen Entwicklung des Reisenden einhergehen. Jemand, der weiterkommt, hat notwendigerweise Prüfungen. Die authentischen Wege werden von unsichtbaren Wesen begleitet, deren Aufgabe es ist, die spirituell Reisenden auf die Probe zu stellen oder ihnen manchmal, ganz im Gegenteil, im Kampf gegen die Nafs beizustehen. Diese Prüfungen sind tiefer, innerer Natur oder nehmen sichtbare Formen an. Oft werden sie auf sehr subtile Weise vom Meister selbst vorbereitet. Von gleicher Natur sind die Warnungen oder Lektionen, die die Aufmerksamkeit des spirituell Reisenden auf einen ganz bestimmten Punkt lenken. Sie manifestieren sich durch Zeichen, Vorfälle im materiellen Leben, Visionen, Intuitionen oder klare und deutliche Träume. All diese Prüfungen und Entwicklungen finden unter der Führung des Meisters statt. Er begleitet und leitet sie, und er kennt ihre ganze Tragweite und Bedeutung. Man unterscheidet sie im allgemeinen leicht von Phantasieprodukten oder von zufälligen Vorkommnissen, da sie einen ganz besonderen »Geschmack« haben. Dennoch kommt es oft genug vor, daß der Reisende sich der spirituellen Natur einer Prüfung, Warnung oder besonderen Gunst nicht bewußt ist.

Seelen ihrer Vollkommenheit zuzuführen, ist eine äußerst heikle Aufgabe, die nur einem göttlichen Gesandten anvertraut werden kann. Eine solche Aufgabe verlangt umfassende Kenntnisse von den spirituellen Gesetzen. Es ist die Wissenschaft par excellence, die alle Wissenschaften umfaßt und nicht den geringsten Fehler enthält. Die Mittel, die zur Anwendung kommen, sind von größter Wirksamkeit und daher sehr gefährlich, wenn sie falsch eingesetzt werden. Was für den einen ein Heilmittel ist, kann für den anderen Gift sein. Ein Meister ohne entsprechendes Wissen kann eine Seele für immer zerstören. Daher kann die Verantwortung, Menschen zu führen, nur einem beauftragten Meister anvertraut werden.

Ein Pseudo-Meister, der nur über ein paar Techniken verfügt, besitzt weder eine umfassende Sicht von den spirituellen Phänomenen noch eine genaue und detaillierte Einsicht in die Fälle, mit denen er sich beschäftigt. Er gibt sich damit zufrieden, Rezepte anzuwenden, von denen er noch nicht einmal all die möglichen Konsequenzen kennt. Mit diesen Rezepten oder Techniken macht er den Fall nur schlimmer oder ersetzt das eine Übel nur durch ein anderes. In einigen Fällen betäuben oder schläfern diese Techniken die Nafs lediglich ein, und in anderen Fällen schmeicheln sie ihr auf hinterhältige Weise. Ein Pseudo-Meister ist mit einem Pseudo-Arzt vergleichbar, der die Formel für ein Beruhigungsmittel oder Reizmittel besitzt, mit der er seine Klientel anzulocken und zu halten vermag.

Man kann einwenden, daß diese Techniken oft den Methoden ähnlich sind, die die echten spirituellen Lehrer zum Einsatz bringen, und daß sie manchmal genau das richtige Heilmittel in dem einen oder anderen besonderen Fall darstellen. Das ist aber nicht der Fall. In der Praxis ist nur eine Methode, die von einem durch die »göttliche Verwaltung« beauftragten Lehrer verordnet wird, von einer echten, segensreichen Kraft. Die Methode ist nur das Mittel, eine besondere Gnade zu empfangen, und diese Gnade kann nur von einem Meister kommen, der der Träger der göttlichen Wirkung ist.

Niemand kann leugnen, daß die Techniken besondere Wirkungen hervorrufen, ganz gleich, was die Absicht ist. Doch auch hier gilt: Was den göttlichen Weg von den anderen Wegen unterscheidet, ist, daß man genau weiß, was diese Wirkungen bedeuten. Sehen, ohne zu verstehen, eigentümliche Zustände zu erleben, hat keinen besonderen Nutzen für die Entwicklung der Seele. Visionen zu haben, zu denen der Schlüssel des Verstehens fehlt, ist nichts anderes, als sich wie ein Kind mit einem Kaleidoskop zu amüsieren. Viele Techniken sind zum Beispiel darauf angelegt, Kontakte mit anderen Seelen oder Geistern aufzunehmen und mit ihnen Absprachen zu treffen. Die Leute glauben, sie haben etwas Bemerkenswertes zustandegebracht, wenn es ihnen gelungen ist, solche Kontakte herzustellen, obwohl sie nicht die leiseste Idee vom Ursprung dieser Seele (oder dieses Geistes) haben, von ihrer Art, ihrer Funktion, ihrem Rang, von denen, die ihr übergeordnet sind, von der Art und Weise, wie sie sich zum Ausdruck bringt, weshalb sie erschienen ist, welcher Art ihre Mission und ihre Macht ist usw. Kurz, wir müssen erst einmal die Fähigkeit erlangen, spirituelle Visionen zu verstehen, andernfalls sind sie schädlich. In derartige Zonen vorzudringen, ohne zu wissen, wohin man seinen Fuß setzt, bedeutet, sich dem Verderben auszusetzen. Und hier handelt es sich nur um ein Beispiel unter all den Gefahren, Versuchungen und Fallen, die auf den spirituellen Reisenden lauern.

Um den rechten WEG zu durchlaufen, müssen wir Pflichtgefühl besitzen und Theorie und Praxis in Übereinstimmung bringen. Die Praxis allein reicht nicht aus, und die Theorie ohne die Praxis ist wirkungslos. Je nachdem wie unsere Seele in das menschliche Gefäß gesetzt ist, gelangt sie erst, wenn sie vom Körper befreit ist, zu ihrer vollen Entfaltung. Dieser Durchgang durch die materielle Welt ist unerläßlich, da sie die engelhafte Seele nährt und ihr die Möglichkeit gibt, sich bis zu einem bestimmten Punkt zu entwickeln. Die Seele ist ein Samenkorn, das in sich die Möglichkeit zu einem Baum trägt. Der Körper ist ein Stück Materie, ein Topf mit Erde gefüllt, in die das engelhafte Samenkorn gesetzt wird. Der Prozeß des Wachsens ist langsam und schwierig: In einer zu fetten Erde fault das Samenkorn, in einer zu mageren Erde trocknet es aus. Die Erde muß gegossen und gedüngt werden, so lange, bis sich aus dem Samenkorn ein Keim bildet und aus dem Keim ein junger Trieb, ein Bäumchen. Wenn der Wachstumsprozeß durch künstliche Mittel beschleunigt oder intensiviert wird, geht man das Risiko ein, die engelhafte Seele zu ersticken, solange sie noch zu beengt in ihrem Gefäß ist. Die Entwicklung der Seele muß im Einklang mit den irdischen Verhältnissen geschehen. Ein Mensch, der das Ende seiner irdischen Stufe erreicht hat, ist ein Mensch, dessen Seele sich genügend entwickelt hat, um zur nächsten Stufe überzugehen, in der er keinen Körper mehr zur Unterstützung braucht. Die Arbeit mit dem menschlichen Körper geht dem Ende zu, und der Zyklus der irdischen Leben findet seinen Abschluß. Die Seele kann nun in eine andere »Erde« verpflanzt werden, die rein spirituell ist und sich in der anderen Welt befindet. In dieser neuen Umgebung verfolgt sie ihren Weg weiter und ist immer noch mit einer Schule, mit einem vollkommenen Meister verbunden. Doch dieses Mal vollzieht sich die Arbeit in Friede und Freude und mit der Gewißheit, die eigene Vollkommenheit zu erlangen.

38. Die Kommunikation mit Gott

Die Kommunikation mit Gott findet im weitesten Sinne des Wortes durch das Gebet statt. Das Hauptziel des Gebetes ist, sich an Gott zu erinnern und sich Ihm zu nähern. Dies ist eine Pflicht für jeden Menschen. Diese Welt ist ein Saatfeld für das Jenseits. Um sie nicht mit leeren Händen zu verlassen, darf der Mensch seine Verbindung mit Ihm nicht abbrechen lassen. Seinem Wesen nach vergißt der Mensch Gott, es sei denn, er befindet sich in Not. Da es notwendig ist, sich an Gott auch außerhalb solcher Extremsituationen zu erinnern, sind in jeder Religion regelmäßige rituelle Gebete vorgeschrieben, deren Ziel es ist, den Menschen daran zu hindern, Ihn zu vergessen und in eine verhängnisvolle Schläfrigkeit zu fallen.

Die verschiedenen Formen des Gebets
Die von den Religionen vorgeschriebenen Formen der Gebete sind:
• Enthaltsamkeit, die der Stufe des spirituell Reisenden entsprechend variiert und rituelles Fasten und Enthaltung von allem Unerlaubten beinhaltet.
• Spenden, das heißt, aktive Nächstenliebe im Rahmen unserer Möglichkeiten an denen üben, die es brauchen.
• Altruismus, das heißt, für andere das Gute wollen, das man für sich selbst will, und für andere nicht wollen, was man für sich selbst nicht will.
• Anrufungen und liturgische Gebete. Es gibt zwei Ebenen in den Anrufungen und liturgischen Gebeten:
– Das vorgeschriebene rituelle Gebet, das der Stufe der Exote-

rik entspricht. Kommt der Gläubige dem nicht nach, macht er sich schuldig. Befolgt er es aber, wird er als »Anwärter« für den Rang eines Dieners Gottes eingetragen.

– Das Gebet der Anbetung, das der Stufe der Esoterik entspricht. Es ist nicht obligatorisch. Der Gott anbetende Mensch möchte das göttliche Gebot mit Inbrunst und Liebe erfüllen und sich Ihm nähern.

Es ist möglich, wohltätige und fromme Taten zu vollbringen, deren spirituelles Ergebnis man der Seele von Verstorbenen anbietet, um ihnen in der anderen Welt zu Hilfe zu kommen. Tatsächlich stehen beide Welten in Verbindung miteinander, und es empfiehlt sich, Nächstenliebe auch für die andere Welt zu üben, denn im allgemeinen können die Seelen der Verstorbenen nichts mehr für sich selbst tun, um ihre Lage zu verbessern. Gott belohnt großzügig den, der so mit ganzer Aufrichtigkeit handelt.

Jeder hat die Pflicht, um die Vergebung, den Segen und das Wohl für seine Eltern, für alle Gläubigen wie auch für alle Geschöpfe, insbesondere unsere Mitmenschen, zu bitten. Doch gleichzeitig müssen wir uns stets Gottes Willen anvertrauen.

Die Voraussetzungen für das Gebet
Damit ein Akt der Frömmigkeit vollkommen sein kann, sollten vier Voraussetzungen erfüllt werden:

– Man sollte frei von jeder Art von Heuchelei sein (denn die Heuchelei erregt die göttliche Abscheu).

– Man muß Herzenspräsenz haben, das heißt, mit ganzem Herzen dabeisein.

– Man muß im Zustand der Bescheidenheit sein (man sieht alles, was man macht, als **nichts** an, man fühlt sich immer Gott verpflichtet).

– Man darf keine Gegenleistung erwarten, weder in dieser noch in der anderen Welt.

Derjenige, der betet, muß seine Absicht läutern und sich in einen Zustand der Demut und der Reue versenken. Er muß die Gegenwart Gottes spüren, Glauben an Seine Macht über alles besitzen und all seine Hoffnung auf Ihn setzen. Er lobt Gott, er spricht zu Ihm, er öffnet Ihm sein Herz und bittet Ihn um Gnade, auf daß Er Seinen Diener annimmt, ihm die Kraft gibt, Seine Gebote zu befolgen und dem rechten Weg zu folgen, auf daß Er ihn vor den Versuchungen und Revolten des dominierenden Selbst und vor dem Bösen der Menschen und der Geister schützt.

Das Wesentliche ist, sich vorzustellen, Gott befindet sich uns gegenüber und hört uns zu.

Gebet und Hingabe

Im Anfangsstadium der Hingabe kann der Gläubige Wünsche aussprechen, da ihm dies die Möglichkeit gibt, Gott »kennenzulernen«, und die Erhörung seiner Wünsche festigt ihn in seiner Überzeugung und bereitet ihn auf die folgenden Stufen vor.

Im folgenden Stadium darf man nicht mehr die Erhörung eines Gebetes verlangen. Denn wenn der Wunsch erfüllt wird, wird dies von unseren spirituellen Vorräten abgezogen. Wir bemühen uns, uns mit dem zufriedenzugeben, was wir bekommen.

Auf der Stufe der Schicksalsergebenheit müssen wir Gott machen lassen, was Er als gut für uns befunden hat, und dürfen nichts von Ihm verlangen. Gott weiß sehr gut, was wir brauchen, und wenn wir Ihn entscheiden lassen, was gut für uns ist, kostet es uns nichts, es zu erhalten. Wenn wir aber darauf bestehen, das zu bekommen, was wir wollen, brechen wir unser spirituelles Haben an. Es ist besser, sich damit zufriedenzugeben, in dieser Welt zu säen und in der anderen zu ernten, ohne etwas zu verlangen.

Das beste Gebet ist, Ihn darum zu bitten, daß Er uns auf Seinem Weg bewahrt und mit uns zufrieden ist: »Oh, Gott, ich will nur Dich, nichts anderes als Dich. Hilf mir, das zu tun, was Du willst, was Dir gefällt, das ich tun soll.« Das Gebet eines Menschen, der Gott liebt, ist der vollkommene Weg, sich Ihm zu nähern. Man liebt Ihn um Seiner Selbst willen. Der Heilige Imam 'Ali betete so: »Oh, Du, mein Angebeteter, ich bete Dich an, nicht aus Angst vor Deinem Feuer noch vor Verlangen nach Deinem Paradies. Ich huldige Dir, weil Du der Anbetung verdienst.«

Die vier Stufen des Gebets

Das Gebet umfaßt vier Ebenen, die vom Stand der spirituellen Entwicklung und der Reife des Betenden abhängen. Diese vier Stufen folgen in einer hierarchischen Ordnung aufeinander. Man muß sie zwangsläufig nacheinander durchlaufen.

Die **erste Stufe** des Gebetes betrifft die Ebene des »Körpers« und des Intellekts. Jede Religion praktiziert das Gebet auf die ihr eigene Weise. Dies ist die exoterische Stufe, die auf der Einhaltung der rituellen Gesetze basiert: Der Gläubige spricht ein rituelles Gebet, wobei er bemüht ist, sich auf Gott zu konzentrieren und störende Gedanken zu vertreiben. Doch die Worte haben für ihn nur einen formalen oder abstrakten Sinn, und er gelangt nicht hinter ihre Bedeutung. Werden diese Gebete aufrichtig ausgeübt, ist das Ergebnis, gemeine und unlautere Taten zu unterlassen und sich auf die nächste Stufe vorzubereiten. Das gesprochene rituelle Gebet ist wie die Antwort auf einen Anruf. Es kommt nicht immer zu einer Herzensverbindung, es ist jedoch die vorbereitende Stufe dazu. Denn allein der Augenblick, in dem wir uns erinnern, daß wir beten müssen, ist mit einem Induktionsstrom vergleichbar. Das voll Inbrunst verrichtete Gebet führt zum Ziel, und je stärker wir ergriffen sind, desto größer ist die Wirkung des Gebetes. Die Herzensliebe kann durch eine gefährliche Situation, ein spirituelles Umfeld, den göttlichen Blick oder andere Momente erweckt werden.

Die **zweite Stufe** entspricht der engelhaften Ebene. Der Betende fühlt sich von der Erde losgelöst, vom Gewicht des Körpers und allen körperlichen Bindungen befreit. Er muß nicht mehr gegen störende Gedanken ankämpfen, um sich auf Gott zu konzentrieren. Er ist auf eine gewisse Weise von der spirituellen Welt wie magnetisiert. Das Gebet und die göttlichen Worte finden Resonanz in ihm, erhalten eine wahrere und viel tiefere Bedeutung und durchdringen so sein ganzes Wesen. Es entsteht eine direkte Verbindung zwischen dem »Körper« und der engelhaften Seele, man fühlt sich im Zustand der Gnade, man hat die Empfindung, der spirituellen Welt sehr nahe und im Schatten göttlicher Gegenwart zu sein. Das ist der Beginn des spirituellen Erwachens. In diesem Stadium sind einem die materiellen Dinge, die sinnlichen Begierden und andere Verlockungen der Nafs unwichtig.

Auf der **dritten Stufe** des Gebetes befindet man sich in der reinen Spiritualität und in der Selbsterkenntnis, in der die Seele vom Körper losgelöst ist und ihn vergißt. Der Anbetende tritt in eine Welt ein, deren Schönheiten und Wunder jede Vorstellung übertreffen, eine Welt, in der er sich frei bewegt und alles betrachtet. Er ist von jeglichem Gewicht seines Körpers befreit, und die Schwerkraft hat keine Wirkung mehr auf ihn. Er läßt seinen Körper zurück und bewegt sich, wohin es ihm beliebt. Auf dieser Stufe wird die Gegenwart Gottes klarer, und man wird sich seines »Selbst« bewußt. Wer dorthin gelangt, erlangt die Gewißheit der Wahrheiten, auf denen er seinen Glauben begründet hat. Indem er sein »Selbst« kennt, erkennt er Gott.

Auf der **vierten Stufe** ist die Seele mit der Welt der WAHRHEIT verbunden: der Nähe Gottes ohne Raum und Maß. Alles dort ist vollkommen, im absoluten Zustand. Wer diesen Zustand erreicht, ist so vom Gefühl des Glücks und des Entzückens in

Anspruch genommen, daß er darüber alles vergißt, sogar das Selbst. Er taucht voller Freude in den Ozean des Einen, Einzigen und schwimmt darin. Seine Seele ist mit Gott verbunden und betrachtet nur Ihn. Danach bleiben noch drei weitere Stufen bis zum Erreichen der Vollkommenheit.

39. Zekr und Musik

Der Weg ist sehr lang, und der spirituell Reisende ermüdet manchmal auf seinem Weg, fühlt sich entmutigt, durchquert Kältezonen oder trifft auf schwierige Situationen. Es gibt besondere Formen der Anrufung und des Gebetes, vor allem in Begleitung von Musik, die in solchen schwierigen Augenblicken helfen können. Diese Formen der Meditation oder der Kommunikation mit Gott und der spirituellen Welt beleben die Seele wie ein Sauerstoffzustrom, geben ihr neue Kraft, steigern die spirituelle Liebe und erlauben, bestimmte Probleme zu lösen.

Das Zekr

Das Wort bedeutet Hinweis, Aufforderung, Sich Erinnern, d. h. sich an Gott erinnern. Wenn wir Zekr praktizieren, erinnern wir uns an Gott und kommen Ihm näher.

Es gibt zwei Arten von Zekr: das innere und das äußere. Das innere Zekr besteht aus Worten oder Formeln, die man innerlich wiederholt. Das äußere Zekr besteht aus Worten, Formeln oder Versen, die mit lauter Stimme, allein oder im Chor, in den spirituellen Versammlungen rezitiert oder gesungen werden.

Dabei werden weitere fünf Formen unterschieden: der Lobgesang, der Bittgesang, das predigende Zekr, die Ekstase und die Meditation.

1. Das Zekr zur Lobpreisung Gottes ist Teil der religiösen Pflichten.

2. Der Bittgesang ist eine besondere Bitte, die auf alles angewendet werden kann, was erlaubt und möglich ist.

Diese beiden Formen können inneres oder äußeres Zekr sein.

3. Das predigende Zekr ist in Form von Ratschlägen oder Empfehlungen eine Aufforderung, sich an Gott zu erinnern. Die Worte sind zur moralischen Erbauung und zur Läuterung des Selbst bestimmt.

4. Das Zekr der Ekstase besteht aus Worten oder Formeln, die gesungen oder skandiert werden und einen Zustand der Exaltation und ein starkes Hingezogensein zur spirituellen Welt erzeugen. Manche Teilnehmer geraten in einen Zustand der Verzückung und mystischen Trunkenheit. Diese Form des Zekr ist eine Art kollektiven Gebetes, das die Seele stärkt und ihr den Mut gibt, ihren Weg weiterzuverfolgen. Es ruft ein Gefühl der Freude und Entspannung hervor, das die Seele braucht, und kann sogar als Heilmittel bei gewissen Krankheiten der Seele dienen.

Diese beiden Arten von Zekr gehören zu den äußeren Formen.

5. Das meditative Zekr ist nur noch innerlich, da man in diesem Stadium nicht mehr sprechen kann. Sein Ziel ist die Verbindung mit dem Ursprung. Nichts kann denjenigen, der in diesem Zustand ist, berühren; er ist gleichsam fern von sich selbst.

Die Zekr werden gewöhnlich aus den Namen und Eigenschaften Gottes gebildet. Es gibt tausend Namen für ERHABENHEIT, tausend Namen für SCHÖNHEIT und überdies einen »HÖCHSTEN NAMEN«.

Die Musik

Die Musik ist eine göttliche Schöpfung, und die Seele liebt die Musik. Die Musik ist für die spirituellen Gefühlsempfindungen erschaffen worden. Man erzählt sich, daß, als Gott Adams Körper erschaffen hatte, dieser lange Zeit ohne Seele blieb, weil Adams Seele einen solchen Widerwillen gegen den Körper empfand, daß sie nicht in ihn eintreten wollte. Daher ging eine Gruppe von Erzengeln in diesen Körper und fing an, eine himmlische Musik zu spielen. Als Adams Seele diese Musik hörte, wurde sie von Ekstase ergriffen und trat sofort in den Körper ein.

Musik ist Nahrung für die Seele. Sie ist auch eine Sprache, jedoch eine sehr schöne und sehr sanfte Sprache. Darum werden manche Formen des Gebetes, wie die Zekr, von Melodien begleitet. Wie alles, was erschaffen wurde, hat auch die Musik ihre eigenen Stufen der Vervollkommnung. Wie tief und nachhaltig die Musik auf jedes Wesen wirkt, hängt in direkter Weise vom Grad seiner Reinheit ab. Der reinste Teil eines jeden Wesens ist seine Seele, und jedes Geschöpf, das eine Seele besitzt, ist für Musik empfänglich.

Wie alle Geschöpfe besitzt jeder musikalische Klang eine besondere Eigenschaft, doch seine Wirkung ändert sich mit den jeweiligen Zuhörern. Sie hängt von verschiedenen Faktoren ab:

– Vom ursprünglichen Wesen der Seele des Zuhörers, von seiner Erziehung, seinem körperlichen Zustand, seiner geistigen Verfassung usw.

– Von der Zeit und vom Ort.

– Von den Gewohnheiten des Zuhörers und den Verhältnissen, aus denen er kommt, der Art von Melodien, von denen er sich angezogen fühlt, sowie von seiner Absicht und davon, ob er von seiner engelhaften Seele oder von seiner Nafs dominiert wird. Zum Beispiel haben beim Hören der gleichen Musik die einen Lust zu tanzen, während die anderen sich mit Wehmut vergangener Freuden erinnern. Wieder andere fallen in einen Zustand spiritueller Sehnsucht oder empfinden Trauer über geliebte Menschen, die sie verloren haben oder die weit weg von ihnen sind. Manche geraten in einen Zustand der Euphorie oder der Fröhlichkeit. So ziehen viele beim Hören bestimmter sakraler Musik auch nur ein rein physisches Vergnügen daraus.

– Vom Schöpfer und vom Interpreten der Melodie. Ein Musiker, der einen spirituellen Rang besitzt, kann beim Zuhörer die

Wirkung hervorrufen, die er will. Dieser Faktor bestimmt alle anderen Faktoren.

– Von der Melodie selbst. In alten Zeiten setzten manche Ärzte bestimmte Melodien zu therapeutischen Zwecken ein. Manche Melodien oder musikalischen Intervalle sind in Harmonie mit den himmlischen Klängen. In solchen Fällen sind es höhere Geister, die intervenieren. Der Zuhörer muß nur auf die Flügel dieser Musik steigen und zum Himmel davonfliegen. Wenn der, der ein Instrument spielt, spirituell stark ist, folgt er nicht einfach nur der Melodie, sondern läßt sich von ihr davontragen.

– Von den Mitteln, durch die der Ton oder der musikalische Klang, gleich welcher Art, hervorgerufen werden. Diese Mittel können zum Beispiel die menschliche Stimme sein, Musikinstrumente, Tiere; das Wehen des Windes oder andere hörbare oder nicht hörbare natürliche Phänomene; die Klänge der metaphysischen Welt für die, die spirituell erwacht sind. Diese Klänge können eine materielle Ursache haben (wie zum Beispiel die Stimme der Mineralien oder Pflanzen, die den Schöpfer lobpreisen) oder rein spiritueller Art sein, wie die Stimme der unsichtbaren Wesen. Manchmal besitzen gewisse Musikinstrumente eine besondere Kraft, die ihnen von einer spirituellen Macht verliehen wurde.

Wir besitzen ein physisches Ohr und ein Gehör der Seele, und jedes ist fähig, einen Teil all dieser Klänge und Stimmen zu hören.

Es ist legitim, Musik zur Harmonisierung oder zur körperlichen Entspannung zu nutzen, doch ist es schade, sie in die Dienste der nafsischen Begierden zu stellen, denn die Musik steht in Beziehung mit der Seele, und die Seele steht in Beziehung mit Gott. Wenn die Seele unter dem Einfluß von Musik davongetragen wird, verstärkt sich ihre Verbindung mit dem URSPRUNG. Darum ist ein Gebet zusammen mit Musik viel anziehender und von einer weit stärkeren Wirkung.

Fünfter Teil

40. Die spirituelle Hierarchie

Wer den WEG betreten und Vollkommenheit erlangen möchte, muß eine genaue und richtige Kenntnis von der spirituellen Hierarchie haben. Wir beschränken uns hier auf einige wesentliche Aspekte dieser Hierarchie, denn es würde mehrere Bände beanspruchen, wenn wir diese Thematik eingehender behandeln würden.

Es gab eine göttliche ESSENZ und die QUIDDITÄT. Mit der Quiddität brachte Gott alle SCHÖPFUNG in die Existenz. Die Quiddität blieb unter dem Namen der TOTALEN SEELE. Diese Seele ist für Gott, was die Eigenschaft für die Essenz ist. Sie ist in gewisser Weise die Form, unter der Gott erscheint und sich allen Geschöpfen des Universums und dem Menschen zu erkennen gibt. Die Essenz Gottes ist nicht erkennbar, nicht einmal für eine vollkommene Seele. Niemand außer Gott selbst und dieser Totalen Seele, die nicht außerhalb von Ihm ist, kann Gott erkennen. Wenn wir von Gott sprechen, dann ist es dieses höchste Wesen, auf das wir uns beziehen. Was jenseits von Ihm ist, davon kann sich niemand eine Vorstellung machen. Die Totale Seele ist aus dem göttlichen Gedanken erschaffen worden. Sie ist einzigartig und beherrscht das ganze Universum. Sie spiegelt die Totalität des göttlichen Willens und der göttlichen Macht.

Eine kleine Zahl von Wesen von außerordentlich hohem spirituellen Rang ist mit der Quiddität erschaffen worden. Sie werden ERLÖSER genannt. Man kennt sieben von ihnen. Sie sind die Herren aller Seelen. Unter anderem sind sie mit den göttlichen Missionen und der spirituellen Führung betraut.

Sie haben die Macht des göttlichen Blickes: Wenn sie ihren Blick auf das nobelste Geschöpf eines Planeten lenken, können sie es sogar bis auf ihren eigenen spirituellen Rang erheben. Diese höheren Wesen nahmen die menschliche Hülle an und wurden vollkommen. Daher kommt es, daß man sagt, die menschliche Seele hat die Möglichkeit, den höchsten Rang in der Schöpfung einzunehmen. Diese Wesen steigen auf die Erde hinab, um Religionen zu begründen und die Menschen auf dem Weg Gottes zu führen. Es sind also immer wieder dieselben höheren Wesen, die sich als Menschen mit den Eigenschaften bestimmter Heiliger, spiritueller Meister oder Propheten manifestieren. Jeder von ihnen kann sich auf zwei Arten manifestieren: entweder ganz in einem Körper, den sie als ihren eigenen angenommen haben, oder als »Gast« eines Körpers, der bereits selbst eine engelhafte Seele hat. In letzterem Fall können sie einige Augenblicke darin verweilen, oder aber ein ganzes Leben.

Jedes menschliche Wesen kann sich, ganz gleich welcher Religion es angehört, dieser Tatsache bewußt werden, vorausgesetzt, es hat die Stufe der Exoterik überschritten. Wenn es erwacht ist, kann es das Wahre vom Falschen unterscheiden, versteht es, wer die Propheten wirklich sind und spricht nicht mehr von den Religionen, sondern von der RELIGION.

Seit Adam gibt es ständig eines dieser höheren Wesen, das Gott auf der Erde repräsentiert. Ihm obliegt es, die göttliche ESSENZ zum Teil oder in ihrer Totalität für die Erde oder für das gesamte Universum widerzuspiegeln. Dieses Wesen ist der **Vali,** der Repräsentant Gottes, spiritueller Pol der Erde. Sobald er diese verläßt, wird er sofort von einem anderen **Vali,** der eine Manifestation einer der sieben höheren Wesen ist, oder sogar von der Totalen Seele ersetzt. Die Funktion des **Vali** hat es immer gegeben und wird es bis an das Ende aller Zeit geben. Einige der Propheten waren auch **Vali.** Der **Vali** ist ein göttlicher

Mensch, ein spiritueller Meister, der in sich die göttliche Essenz und die göttliche Kraft widerspiegelt. Wenn wir das Leben der großen Heiligen und Propheten studieren, können wir eine gewisse Vorstellung davon gewinnen, was ein **Vali** ist.

Dem **Vali** untergeordnet gibt es spirituelle Lehrer, die nicht vollkommen, aber doch weit fortgeschritten sind, »Hirten«, die einer kleinen Zahl von Leuten den Weg weisen und sie bis auf ihr eigenes spirituelles Niveau führen können. Sie erheben keinerlei Anspruch, ihr Benehmen ist natürlich und bescheiden, und sie entsprechen den wesentlichen Kriterien eines Meisters[1]. Überall gibt es einige dieser Lehrer, sowohl im Westen wie im Osten, in primitiven Gesellschaften wie anderswo. Sie sind spirituell mit dem absoluten **Vali** verbunden, der sie alle kennt, selbst wenn sie ihn nicht kennen. Denn auf der Erde, geht alles Licht von Gott über den **Vali** als Mittler hervor.

Der Weg der Vollkommenheit ist nur für den zugänglich, der einen festen Glauben an Ihn besitzt. Es ist unmöglich, sich ohne Ihn weiterzuentwickeln, und schwierig, ohne einen wahren spirituellen Meister weiterzukommen. Wer Gottes Gnade erfleht oder inständig die Hilfe des Propheten seiner Religion oder eines großen Heiligen erbittet, seinen Geist und sein Herz leer macht von jeglicher Voreingenommenheit, der wird einem echten spirituellen Meister oder Lehrer zugeführt.

Wenn der spirituell Suchende einem Meister begegnet, ist es an ihm, zu bestimmen, ob dieser Meister echt oder falsch ist. Er muß ihn aufmerksam beobachten und dabei die Kriterien für Authentizität zu Hilfe nehmen. Wenn er Gott um Seiner Selbst willen sucht, wird er durch Intuition, Inspiration, einen spirituellen Traum oder die Stimme seines Herzens das wahre Wesen dieses Meisters erkennen.

Wenn der spirituelle Reisende erst einmal auf einem authentischen Weg ist, muß er folgendes Verhalten annehmen: Er fühlt die ständige Gegenwart Gottes wie zwei Augen, die ihn beobachten. Seine Devise lautet: »Gutes sagen, Gutes wollen, Gutes suchen.« Er tut alles in der Absicht, Gott zufriedenzustellen. Er unterwirft sich Seinem Willen, er sieht alles durch Ihn. Er ist dankbar für alles, was Gott ihm gibt, und er beschwert sich nicht über das, was Er ihm nicht gibt. Er sucht nur Seine Zufriedenheit, liebt Ihn um Seiner Selbst willen und nicht, um bestimmte Kräfte oder das Paradies zu erlangen, oder aus Angst vor der Hölle. Zugleich fürchtet er aber auch die Machenschaften seiner Nafs und hofft auf Gottes Gnade und Barmherzigkeit. Diese Furcht hindert ihn daran, dem Stolz, der Faulheit, der Gleichgültigkeit usw. anheimzufallen. Er erträgt die Prüfungen und Proben in Geduld und Ergebenheit.

41. Die Stufe der Wahrheit

Alle Offenbarungsreligionen bestehen aus vier Stufen.

Jeder kann die erste Stufe, die Exoterik, in seiner eigenen Religion durchlaufen. Auf der Stufe der Esoterik konvergieren Lehre und Praxis aller Religionen, auch wenn es lange Wege, kurze Wege oder sogar einen verkürzten gibt. Jede Stufe hat ihre eigenen Gesetze, ihre eigenen Vorschriften und Regeln. Der Weg und die esoterischen Gesetze der zweiten und dritten Stufe sind von den spirituell Reisenden der einzelnen Religionen vorgezeichnet worden. Doch was die vierte Stufe anbetrifft, so haben die Propheten und die großen Heiligen sie, da die Zeit ihrer Offenbarung für alle noch nicht verfügt war, nur einer kleinen Zahl von Schülern enthüllt: So hat Christus sie seinen Aposteln offenbart und der Imâm 'Ali seinen »Gefährten des Geheimnisses«.

Diese vierte Stufe der Religion, die Stufe der Wahrheit, basiert hauptsächlich auf dem Mysterium der göttlichen Manifestation: Seit der Erschaffung Adams ist die göttliche ESSENZ immer in Ihrer totalen oder partiellen Form in einem menschlichen Gefäß auf der Erde anwesend. Viele der Propheten und göttlichen Gesandten wurden von der göttlichen ESSENZ bewohnt, doch sehr klein war die Zahl derer, die die Göttlichkeit in ihrer Gesamtheit manifestierten.

Mohammad setzte das Ende der Prophetie und den Anfang des **Valâyat** (die Ära der Offenbarung der **Vali**), des Zyklus der Zwölf Imâms, Inhaber der spirituellen Autorität und Hüter der spirituellen Geheimnisse, die von den Propheten und Heiligen seit der Erschaffung des Menschen bewahrt werden. 'Ali, der erste Imâm, war eine totale göttliche Manifestation, und seine elf Nachfolger hatten seine Essenz als »Gast«[1].

Die Essenz 'Alis manifestierte sich in ihrer Totalität im 14. Jahrhundert in der Person Soltân Sahâks. Mit seiner spirituellen Herrschaft kam die Zeit der offiziellen Anerkennung der vierten Stufe. Die Geheimnisse der Wahrheit und des **Imâmat,** die bis dahin nur einer sehr kleinen Zahl von Personen vorbehalten waren, wurden durch göttliches Dekret enthüllt, in Gesetze, Prinzipien und die Säulen der Wahrheit gebracht und in Verse übertragen.

Die Praxis, die dieser Stufe entspricht, ruht auf vier Säulen:

1. Die **Reinheit:** Im materiellen Leben müssen der Körper, die Kleidung, die Wohnung und die Nahrung sauber sein. Im spirituellen Leben müssen die Gedanken, die Worte und die Handlungen rein sein. Diese Sauberkeit bzw. Reinheit erstreckt sich auch auf unseren Beruf und auf all die anderen Mittel zu unserem Lebensunterhalt, die in rechter (erlaubter) Weise erworben werden müssen.

2. Die **Geradlinigkeit** (die Redlichkeit)[2] ist der direkteste Weg, der zu Gott führt: Das heißt, wir müssen uns Seinem Willen gänzlich unterwerfen und Seine Gebote und Seine Verbote in die Praxis umsetzen. Kurz, man nennt den geraden (oder rechten) Weg den Gehorsam gegenüber Gott und die Verweigerung der Sünde, insbesondere der Lüge.

3. Die **Demut** im spirituellen Sinne des Wortes: das heißt, jede Spur von Stolz, Selbstgefälligkeit, Eitelkeit, Begierde, Bosheit, Niedertracht usw. aus seinem Selbst herausreißen. Diese Fehler bedecken die engelhafte Seele wie eine dicke Schicht schwarzen Rauchs, so daß die betroffene Person die Verbindung mit ihrer Seele verliert. Wenn die Seele von diesem Rauch befreit ist, wird die Person bewußt und erkennt den Einen, Einzigen.

4. Die **Hingabe:** das heißt, anderen Geschöpfen in uneigennütziger Weise zu helfen, so daß wir für sie eine Stütze sind.

Die Lehre von Nur 'Ali Elâhi − der Weg der Vollkommenheit −
faßt die echten Grundsätze der vier Stufen der Religion zusammen. Sie ist die Summe der Doktrinen der Wahrheit, die von
den Offenbarungsreligionen verkündet wurden, und beinhaltet
überdies die drei Stufen, die der Vollkommenheit vorausgehen.

42. Der Weg der Vollkommenheit oder die Spirituelle Universität

Bei ihrer Erschaffung ist die Seele in Bewegung und kreist innerhalb der Grenzen ihres eigenen spirituellen Raumes, ohne daß sie ihn verlassen kann, in einem unterbewußten Zustand der Freude, vergleichbar mit einem gesunden, gut gestillten Säugling. So wie sie ist, ist die Seele für jede Entwicklung ungeeignet. Daher ist es nötig, daß sie eine materielle Hülle annimmt, um die Möglichkeit zu erwerben, sich zu entwickeln und unter anderem die »Fähigkeit des Erscheinens«[1] zu erlangen. Sie muß sich spirituell bilden und durch einen Wachstums- und Reifeprozeß das volle Bewußtsein erreichen. Was vom Menschen verlangt wird, sowie die engelhafte Seele eine menschliche Hülle annimmt, ist, daß er sich in der irdischen Schule ein Minimum an spirituellen Kenntnissen aneignet, die dem entsprechen, was man gemeinhin als »Zeugnis des spirituellen Unterrichts« bezeichnen kann. Dieses Zeugnis kann nur in den irdischen Klassen erworben werden und ist unerläßlich, um mit der »Oberstufe« zu beginnen, die in dieser oder der anderen Welt absolviert werden kann. Doch der Wert jedes Fortschritts, der auf der Erde gemacht wird, ist weit größer als ein vergleichbarer Fortschritt in der anderen Welt.

Die Grundprinzipien

Der Glaube und der Gehorsam den Grundprinzipien der Offenbarungsreligionen gegenüber geben denen, die sie anwenden, die spirituelle Befähigung, Zugang zu den höheren Lehren des Weges der Vollkommenheit zu erlangen. Wenn sie mit dieser ersten Stufe aufhören, werden sie in das von ihrem Propheten versprochene Paradies geführt. Wenn sie aber weitermachen, können sie die Vollkommenheit erreichen, indem sie beharrlich der Lehre und Praxis in einer anerkannten Spirituellen Universität folgen.

Zu den Grundprinzipien der Offenbarungsreligionen zählen die folgenden:

1. An den Einzigen Gott, ewig und ohnegleichen, glauben. Ihn kennen, so wie Er von allen Begründern der Offenbarungsreligionen und den großen Heiligen definiert wurde.

2. An das ewige Leben, die andere Welt und das Jüngste Gericht glauben.

3. Die göttlichen Gebote (Sünden und gute Taten, »Malus« (Böse) und »Bonus« (Gut), Erlaubtes und Unerlaubtes) anerkennen.

4. Alle Geschöpfe als gut ansehen und gut und geradlinig sein. Die Rechte der anderen zu achten bringt Ordnung und Frieden.

5. Die Erde als ein Saatfeld und einen Ausbildungsort für das Jenseits ansehen.

Jede religiöse Konfession führt ans Ziel, vorausgesetzt, sie steht nicht im Widerspruch zu den genannten Grundprinzipien und wird mit Überzeugung ausgeübt.

Jede Person, deren Seele die exoterische Stufe einer von Gott anerkannten Religion geistig verarbeitet hat, ist in der Lage, sich die Lehren der sekundären und dann der höheren Stufe hier oder im Jenseits anzueignen. Diese vorbereitende Stufe kann in sehr kurzer Zeit abgeschlossen werden oder aber mehrere Leben beanspruchen. Einige schließen sie sogar nie ab.

Der Weg der Vollkommenheit oder die Spirituelle Universität enthält die Quintessenz der Religionen und der Wahrheiten der drei Stufen der Esoterik und was darüber hinausgeht. Der Weg ist für alle offen, die Gott anerkennen. Er liegt jenseits der menschlichen Konventionen. Auf dem Weg des Wahren gibt es keinen Unterschied mehr zwischen den Religionen, den Rassen, zwischen Männern und Frauen. Er führt den spirituell Reisenden oder Schüler zur Vollkommenheit.

Der Schüler der Spirituellen Universität

Die charakteristischen Eigenschaften und das Verhalten des spirituell Reisenden oder Schülers der Spirituellen Universität sind folgende:

a) Er glaubt an Gott. Er hat das Gefühl Seiner Allgegenwart, das schließlich zur Gewißheit wird.

b) Sein Meister oder spiritueller Lehrer ist qualifiziert und von Gott anerkannt und besitzt damit die göttliche Wirkung und die Wirkung des Atems.

c) Er unterwirft sich dem göttlichen Willen, und sein Ziel in allen Dingen ist, Gottes Zufriedenheit zu erlangen und sich Seinem Willen zu unterwerfen.

d) Er lebt in »Furcht und Hoffnung«: in der Furcht, daß seine Nafs ihn vom Wege abbringt und ihn damit um die göttliche Nähe bringt; in der festen Hoffnung auf Gottes Gnade und die göttliche Vergebung.

e) Er achtet die religiösen, sittlichen und weltlichen Gesetze.

f) Er beginnt damit, die »Pflichten« und »Rechte« Gott, sich selbst und anderen gegenüber zu lernen und sie dann in die Praxis umzusetzen. Er muß aktiv sein und Verantwortung tragen, seine Pflichten erfüllen und sich im Hinblick auf das Ergebnis auf den göttlichen Willen verlassen.

g) Seine Hauptaufgabe besteht darin, sein dominierendes Selbst (die Nafs) zu beherrschen, es stark, aber sanftmütig und gehorsam zu machen. Es ist nicht ratsam, es zu schwächen, um es zu beherrschen. Die Haupteigenschaften, um gegen das dominierende Selbst zu kämpfen, sind der Glaube, die göttliche Liebe, der Wille, die Vernunft, das Verantwortungsgefühl und die Disziplin. Zu den Mitteln rechten Handelns zählen: seine Absichten auf Wohlwollen und Mitgefühl zu gründen – was das

Herz von jeder Härte reinigt –, das Gebet (allein oder in Gemeinschaft), spirituelle Lektüre, rituelles Fasten, gute Taten (Pilgerfahrten, Opfergaben und Spenden, Handlungen der Nächstenliebe usw.). Wenn die Härte aus dem Herzen verschwindet, dringt das göttliche Licht in es ein, und der Glaube und die Liebe werden größer. Mit der Liebe werden die Motivation, und damit der Wille, gestärkt. Der Schüler der spirituellen Universität muß alles – ob eine bestimmte Nahrung oder anderes –, was das Herz verhärtet, den Willen schwächt und/oder zu einer Gewohnheit führt, vermeiden[2].

h) Um das eigene Verhalten gut lenken zu können, muß der spirituell Reisende in sich den göttlichen Intellekt entwickeln. Nur mit einem gut entwickelten göttlichen Intellekt können wir das Gleichgewicht zwischen den vier Säulen der Existenz herstellen: zwischen dieser Welt und der anderen, dem Körper und der Seele. Das Ziel der Religionen ist es, die Menschen dieses Gleichgewicht zu lehren. Jeder Mensch ist dazu angehalten, Studien zu betreiben und die Gleichungen dieses Gleichgewichts zu verstehen. Doch die Ergebnisse seiner Studien muß er einem wahren Lehrer unterbreiten, um völlige Gewißheit zu erlangen. Wenn er sich nicht auf einen spirituellen Lehrer bezieht, ist er verantwortlich, denn die persönlichen Studien allein reichen nicht aus. Wenn jemand keinen Zugang zu einem spirituellen Lehrer hat und das Ergebnis seiner Studien mit der Absicht in die Praxis umsetzt, lieber Gottes Zufriedenheit als seine eigene zu erlangen, dann wird dies angenommen, selbst wenn er sich irrt.

Jede der vier Säulen der Existenz hat die gleichen Rechte, und der göttliche Intellekt muß die Interessen einer jeden berücksichtigen. Wenn jemand seine Familie verläßt, um sich nur noch der anderen Welt zu widmen, dann befindet er sich im Irrtum. Derjenige, der das materielle Leben so liebt, daß er darüber die Spiritualität vergißt, befindet sich auch im Irrtum. Genauso unterliegen der, der die Rechte seines Körpers mißachtet, und der, der seine Seele vernachlässigt, einem Irrtum. Derjenige aber, der weiß, wie er das Gleichgewicht zwischen den verschiedenen Elementen herstellen kann, hat einen gut ausgebildeten göttlichen Intellekt, und seine Entscheidungen sind richtig.

Wir müssen Gott in uns selbst entdecken, denn in jedem von uns befindet sich ein göttlicher Teil. Wenn wir in uns dringen, entdecken wir diesen Teil, und wenn wir ganz tief in uns dringen, finden wir den Widerschein der ESSENZ des EINEN, EINZIGEN. Solange wir Gott nicht in uns selbst gefunden haben, dürfen wir nicht erwarten, Ihn anderswo zu sehen. Es ist wahr, daß Gott überall ist, doch wir müssen auch wissen, wie wir Ihn erkennen. Wenn der spirituell Reisende Ihn in seinem tiefsten Inneren gesehen hat, erkennt er Ihn in all Seinen Formen wieder und erkennt damit auch Seine menschliche Manifestation, den **Vali.** Dann stellt der **Vali** eine Verbindung her und nimmt ihn spirituell an seine Hand. Daher sind 'Ali, Christus und andere **Vali** nur einer begrenzten Zahl von Menschen »bekannt« gewesen, die diese innere Erkenntnis erworben hatten. Um die letzten Stufen zu überwinden, ist es notwendig, den **Vali** seiner Zeit zu erkennen.

Anmerkungen

Gebet

1) Ein Gebet, das von Nur 'Ali Elâhi gesprochen wurde.

Einführung

1) In einer kurdischen Stadt der Provinz Kermânshah.

2) Zum Beispiel das Werk »Shâh Nâme-ye haqiqat« (Das Buch der Könige der WAHRHEIT), Teheran, 1966, Bibliothèque Iranienne.

3) »Borhân ol-haqq«, Teheran, 1963 (7e éd. 1985), »Ma'refat-e ruh«, Teheran, 1969, (4e éd. 1992), »Hâshie bar haqq ol-haqâyeq«, Teheran, 1969. Diese Werke zeigen unter anderem auch das tiefe theologische Wissen Nur 'Ali Elâhis.

4) »Asâr ol-haqq«, vol. I, Teheran, 1979 (3e éd. 1985); vol. II, Teheran, 1992

5) Eine außergewöhnliche Persönlichkeit, die am Ende ihres Lebens in Frankreich lebte und hier 1993 im Alter von 87 Jahren diese Welt verließ.

6) Um auf gewisse Fragen der Leser dieses Buches genauer einzugehen, ist eine Sammlung von Gesprächen mit Bahrâm Elâhi unter dem Titel »Le Chemin de la Lumière« bei Albin Michel, Paris, 1985, erschienen (in der englischen Übersetzung unter »The Way of Light« bei Element Books, Shaftesbury, Dorset, Great Britain, 1993).

Kapitel 1

1) Die basharische Seele: Der Begriff **Bashar** bezieht sich auf den Menschen im Sinne von Kreatur. Die **basharische** Seele bezeichnet die Seele des »menschlichen Tieres«, unabhängig von seiner engelhaften Seele. **Basharisch** bedeutet »vom menschlichen Tier« (zu »menschliches Tier« siehe Fußnote 3 in diesem Kapitel).

2) Das Abweichen: Genauere Angaben zu diesem Punkt finden Sie im Kapitel 42.

3) Im Französischen heißt es »animal-humain«. Dieser Begriff ist im französischen Text als Eigenname eingeführt worden und ist mit »menschliches Tier« übersetzt. »Animal-humain« bzw. »menschliches Tier« bezeichnet einen Menschen mit einer basharischen Seele (siehe Fußnote 1 im Kapitel 1).

4) So haben viele das Prinzip der aufeinanderfolgenden Leben, das eine spirituelle Evidenz darstellt, dennoch nicht angenommen.

5) Der Begriff »Viator« im französischen Text ist im Deutschen mit »der spirituell Reisende« übersetzt worden. Er bezeichnet jemanden, der sich auf dem esoterischen Weg befindet.

Kapitel 3

1) Influx: Das französische Wort »l'influx« ist mit in die deutsche Übersetzung hineingenommen worden. Mit Influx ist eine vitale Kraft bzw. eine vitale Essenz gemeint.

2) Im allgemeinen wird der Vereinfachung halber die vitale Essenz der Wesen als **Seele** bezeichnet. In Wirklichkeit handelt es sich auf der mineralischen und pflanzlichen Stufe sowie auf der Stufe der niedrigeren Tierarten um vitale Essenzen. Erst ab den höheren Tieren und dem »Bashar« (menschliches Tier) besitzen die Wesen Seelen im eigentlichen Sinne.

Kapitel 4

1) Zum Beispiel ist es gut, einen Achat zu tragen, wenn wir unsere Gebete verrichten.

2) Im Kapitel 9, Seite 59, wird der Körper mit einem »Reittier« für die Seele verglichen.

3) Die Schöpfung geht aus der göttlichen Gnade und Güte hervor. Seine Gerechtigkeit dient dazu, die Ordnung darin zu erhalten. Der Zorn ist eine der Manifestationen der Gerechtigkeit.

4) Das heißt mit Vernunft begabt, im Besitz der Reife und der Fähigkeit, zwischen Gut und Böse unterscheiden zu können.

5) Die »Hülle der Sünde« bezeichnet ein hartes und beschwerliches Leben, gezeichnet von Krankheit, Siechtum, Demütigung und Widrigkeiten.

6) Siehe Kapitel 23.

Kapitel 5

1) Influx: siehe Kapitel 3, Fußnote 1.

Kapitel 6

1) Auszug aus »Ma'refat-e ruh« (Bewußtsein des Geistes), Teheran 1969, Seite 85, 87ff.

Kapitel 7

1) »L' Argument ultime« im Französischen wurde mit »der endgültige Beweis« übersetzt. Der endgültige Beweis beinhaltet, daß es auch nicht einen einzigen Zweifel mehr über die Existenz des Einen Gottes, der Ewigen Welt und der Unsterblichkeit der Seele gibt.

2) Der **Vali** ist ein Mensch von sehr hohem spirituellen Grad, der die göttliche Essenz teilweise oder ganz widerspiegelt. Er ist die göttliche Autorität auf der Erde. Siehe auch Kapitel 29 und 40.

Kapitel 9

1) Die **Nafs** ist die Gesamtheit der tierischen Instinkte im Menschen, insbesondere der schädlichen Instinkte der Tiere. **Nafsisch** ist das Adjektiv, das aus dem Wort **Nafs** gebildet wurde.

Kapitel 10

1) Siehe unter »Geschichte von der Erschaffung des Universums«, Seite 70.

Kapitel 11

1) Das französische Wort »Compagnon« ist im deutschen mit »Gefährte« übersetzt worden. »Compagnon« beinhaltet sowohl die Bedeutung »Gefährte« als auch die Bedeutung »Jünger«. Siehe auch Fußnote 1 unter Kapitel 33, Seite 170.

2) Der französische Begriff »homme-diable« ist im deutschen mit »Teufels-Mensch« übersetzt worden. Mit »hommes-diables« bzw. »Teufels-Menschen« sind Menschen gemeint, die erbitterte Feinde der Wahrheit sind, die in voller Überzeugung aktiv gegen die Wahrheit und das Wahre vorgehen, um diese zu neutralisieren. Solche Menschen können durchaus eine angesehene Position bekleiden und offiziell als Respektsperson gelten.

Kapitel »Geschichte von der Erschaffung des Universums«

1) Wie sie von Nur ᾽Ali Elâhi erzählt worden ist.

2) Man hat es nicht für nötig erachtet, den Namen der QUIDDITÄT anzugeben. Da das weibliche Geschlecht des Wortes QUIDDITÄT der Wirklichkeit, die dieses Wort bezeichnen soll, nicht Rechnung trägt, erschien es angebracht, das männliche Pronomen »er« einzusetzen, wenn es um die QUIDDITÄT geht.

3) Der hier zur Diskussion stehende Körper ist mit einem Spiegel vergleichbar.

4) Solange die QUIDDITÄT keine körperliche Hülle angenommen hatte, konnte er weder sich noch Gott erkennen. Alle anderen Geschöpfe müssen demselben Gesetz folgen.

Kapitel 13
1) Siehe Kapitel 19, Seite 103.

Kapitel 15
1) Der Ausdruck »Recht des Schöpfers« und »Recht der Geschöpfe« wäre besser. Die Rechte der Menschen (Recht des anderen) sind Pflichten und Aufgaben, die sich zwangsläufig aus dem Kontakt der Menschen untereinander ergeben und die zur Folge haben, daß es jedem Menschen obliegt, dem anderen zu geben, was ihm zusteht. Über die klaren Pflichten hinaus, wie die der Eltern ihren Kindern und der Kinder ihren Eltern gegenüber, gibt es auch moralische Pflichten, wie die einfache Form der Höflichkeit im täglichen Leben, zum Beispiel einen Gruß zu erwidern oder in einer Warteschlange an seinem Platz zu bleiben. Die Verpflichtungen des Menschen den Tieren und Dingen gegenüber sind ebenfalls in diesem System eingeschlossen, ohne seine eigene basharische Seele zu vergessen.

Kapitel 18
1) Der zugrundeliegende persische Begriff »nîkbînî« (im frz. »voir bien«) hat die beiden Bedeutungen von »gut sehen« und »die Schöpfung als gut ansehen« und wurde wörtlich übersetzt. Die komplementäre Bedeutung, die das persische Wort beinhaltet, wird im folgenden Kapitel erklärt.

Kapitel 19
1) Außer für Personen, die keine Möglichkeit haben, sich zu verheiraten, oder die keinen sexuellen Trieb haben.

Kapitel 22

1) Unter »Schriften« versteht man hier die authentischen göttlichen Botschaften, die von den Gesandten der Offenbarungsreligionen, wie Moses, Jesus Christus, Mohammad usw. überbracht wurden.

Kapitel 24

1) Die Offenbarungsreligionen haben auf die Existenz von Djinns und Dämonen angespielt.
2) Siehe Kapitel 39.

Kapitel 26

1) Zum Beispiel hatte Gott Joseph, der ein Prophet war, die Gabe und die Berechtigung verliehen, Träume zu deuten. Einen Traum ohne die göttliche Autorisation zu deuten, ist ein Fehler.
2) Der französische Begriff »l'homme divin« ist mit »der göttliche Mensch« übersetzt. Zu den göttlichen Menschen zählen Propheten, Heilige, Vali.
3) »L' âge responsable« wurde mit »das verantwortliche Alter« übersetzt. Mit »verantwortlichem Alter« ist das Alter gemeint, in dem der Mensch zu verstehen beginnt, was er machen muß und was er nicht machen darf. Im allgemeinen entspricht dieses Alter dem Alter der Volljährigkeit (mit 18 Jahren). Doch kann das verantwortliche Alter nach Gottes Beschluß auch früher liegen.

Kapitel 33

1) »Les compagnons du secret« im Französischen wurde mit »Gefährten des Geheimnisses« übersetzt. Die »Gefährten des Geheimnisses« erhalten spirituelle Informationen, zu denen anderen die Kapazität fehlt und die für andere auch Geheimnis bleiben.

Kapitel 35

1) »Les esprits amuseurs« im Französischen wurde mit »ablenkende Geister« übersetzt. Die Aufgabe dieser Geister ist es, mit List und Tücke den spirituell Reisenden zu pseudo-spirituellen Erfahrungen zu bringen. Ansonsten siehe Text.

2) Die Schale ist von der gleichen Qualität wie das Licht und wird durch dieses Licht verstärkt. Die leuchtende Energie (das helle Licht) des Glaubens muß durch die Praxis aktiviert und verstärkt werden, sonst wird sie schwach und zerbrechlich und unterliegt der Versuchung, Gott zu täuschen.

Kapitel 40

1) Siehe Kapitel 34.

Kapitel 41

1) Die Totale Seele hat die Essenz Gottes ganz und für immer. Die elf Nachfolger 'Alis zum Beispiel haben, solange sie auf der Erde leben, die göttliche Essenz »als Gast« (son essence en hôte). Sowie sie den Körper verlassen, zählt nur ihre eigene Essenz. Das gleiche gilt für Christus und seine Jünger.

2) Das französische Wort »droiture« ist mit »Geradlinigkeit« übersetzt worden. Es beinhaltet aber auch Aufrichtigkeit, Rechtschaffenheit, Redlichkeit.

Kapitel 42

1) Proportional zu ihrem Vervollkommnungsniveau erlangt die Seele die Freiheit, sich fortzubewegen und in den verschiedensten Formen zu erscheinen. Diese Fähigkeit wird nur den Seelen und Geistern verliehen, die schon einen Körper angenommen haben.

2) Die Nahrung überträgt ihre Natur auf den Körper und die Psyche. Wenn bestimmte Nahrung Gegenstand bestimmter göttlicher Gebote ist, hat sie auch Einfluß auf die engelhafte

Seele. Zum Beispiel macht die vegetarische Kost die Psyche sanft und friedlich, während eine Ernährung, die hauptsächlich aus Fleisch besteht, die Psyche cholerisch, wollüstig, aggressiv usw. macht.

Leser mit weitergehendem Interesse an den Lehren von Nur 'Ali Elâhi können sich unter folgender Anschrift mit dem Autor in Verbindung setzen:

Dr. Bahrâm Elâhi
2, Villa Michelange
F-75016 Paris

HEYNE
BÜCHER

Rüdiger Dahlke
Das Spirituelle
Weltbild

RÜDIGER DAHLKE
NICOLAUS KLEIN
DAS SENKRECHTE WELTBILD
SYMBOLISCHES DENKEN IN ASTROLOGISCHEN URPRINZIPIEN

ESOTERISCHES WISSEN

08/9574

Außerdem erschienen:

Mandalas der Welt
Ein Meditations- und Malbuch
08/9552

**Der Mensch und die Welt
sind eins**
*Wie oben, so unten: unsere
Existenz zwischen Mikrokosmos
und Makrokosmos*
08/9595

Die spirituelle Herausforderung
*Eine Einführung in die
zeitgenössische Esoterik*
08/9632

Habakuck und Hibbelig
Eine Reise zum Selbst
Esoterischer Roman
08/9904

Wilhelm Heyne Verlag
München

Shakti Gawain

Wenn wir den richtigen Umgang mit unserer Vorstellungskraft erlernen, öffnet sich für uns und unsere Mitmenschen der Weg zu einem glücklichen und erfüllten Leben. Durch Shakti Gawains Anleitungen wird die Macht unserer Gedanken erfahrbar.

08/9639

Wilhelm Heyne Verlag
München

HEYNE
BÜCHER

Louise L. Hay

»Nur wer sich selbst akzeptiert und liebt, kann gesund werden und anderen Gesundheit bringen.«   Louise L. Hay

Wilhelm Heyne Verlag
München

Mythologie

Wissen, Glauben und Magie uralter Völker und Kulturen

19/338

Weitere Bücher zum Thema:

**Lexikon der indischen
Mythologie**
19/314

**Lexikon der keltischen
Mythologie**
19/280

Hans Biedermann
Lexikon der magischen Künste
*Die Welt der Magie seit der
Spätantike*
19/146

Herbert Gottschalk
Lexikon der Mythologie
19/266

Claudia Schmölders (Hrsg.)
Die wilde Frau
*Mythische Geschichten zum
Staunen, Fürchten und Begehren*
19/240

Nicolai Tolstoy
Auf der Suche nach Merlin
Mythos und geschichtliche Wahrheit
19/38

Wilhelm Heyne Verlag
München

Positive Gedanken für jeden Tag

»Jeder Gedanke der Dankbarkeit bringt die Menschen ein Stück näher zu Gott.«   Norman Vincent Peale

08/9569

Norman Vincent Peale
Die Wirksamkeit positiven Denkens
Der Weg zum neuen Lebensgefühl
08/9092

Mut und Vertrauen durch positives Denken
08/9627

Joseph Murphy
Tele-Psi
Die Macht Ihrer Gedanken
08/9526

Die Kraft schöpferischen Denkens
08/9555

Prentice Mulford
Meisterschaft des Lebens
08/9590

Hans Christian Meiser (Hrsg.)
Positive Gedanken
Meditation als Weg
08/9903

Wilhelm Heyne Verlag
München